EUROPAVERLAG**BERLIN**

CHRISTA SPANNBAUER
THOMAS GONSCHIOR

MUT ZUM LEBEN

Die Botschaft der
Überlebenden von Auschwitz

EUROPAVERLAGBERLIN

© 2014 Europa Verlag GmbH & Co. KG,
Berlin · München · Wien
Umschlaggestaltung: Hauptmann & Kompanie Werbeagentur, Zürich,
unter Verwendung einer Vorlage von FAVORITBUERO, München
Umschlagfoto: © Denise Raasina
Satz: BuchHaus Robert Gigler, München
Druck und Bindung: cpi Clausen & Bosse, Leck
ISBN 978-3-944305-57-8

www.europa-verlag.com

INHALT

BEGLEITWORTE

Um zu verhindern, dass Menschen jemals wieder so etwas ange-tan wird, wie es im Holocaust geschehen ist, reicht es nicht, die Erinnerung an das unvorstellbare Leid wachzuhalten. Wir brau-chen auch den Mut, uns gegen jede Form von Unmenschlichkeit zu wehren. Und wir brauchen die Zuversicht, dass Mitgefühl und Nächstenliebe stärker sind als Macht und Unterdrückung. Beeindruckender und berührender als in diesem Buch lässt sich dieses Gefühl von Mut und Zuversicht kaum wecken. Vier Zeit-zeugen, die durch diese Hölle der Unmenschlichkeit gegangen sind, machen auf eindringliche Weise deutlich, was es heißt, Mensch zu sein.

Prof. Dr. Gerald Hüther, Hirnforscher

»Die Forderung, dass Auschwitz nicht noch einmal sei, ist die allererste an Erziehung«, sagte Theodor W. Adorno. Das Buch stärkt und ermutigt uns in diesem Auftrag. Wenn wir die heran-wachsende Generation mit Verantwortung und Gemeinsinn in das 21. Jahrhundert begleiten wollen, dann wird dies nur so ge-lingen, wie es Christa Spannbauer und Thomas Gonschior ge-macht haben: das Vermächtnis der Überlebenden für uns und nachfolgende Generationen zu bewahren, weiterzuerzählen und die Zukunft mitzudenken.

Margret Rasfeld, Reformpädagogin und Schulleiterin

EINLEITUNG
Auf den Spuren der Menschlichkeit

In Auschwitz fand einer der schwersten Angriffe auf die Menschlichkeit in der Geschichte der Zivilisation statt, dem weit mehr als eine Million Menschen zum Opfer fielen. Wie gelang es den Überlebenden, diesen Angriff als Mensch zu überstehen? Was gab ihnen die Kraft zum Leben, Überleben und Weiterleben?

Mit diesen Fragen im Gepäck begaben wir uns Ende 2011 für unseren Film *Mut zum Leben* auf eine Spurensuche. Die Reise währte zwei Jahre lang. Wir begegneten vier außergewöhnlichen Menschen, der Hamburger Sängerin Esther Bejarano, der ungarischen Autorin Éva Pusztai, dem israelischen Maler Yehuda Bacon und der israelischen Sängerin Greta Klingsberg, die wir in der Folgezeit bei ihren vielfältigen Aktivitäten, ihren Vortragsreisen, Konzerten und Kunstausstellungen mit der Kamera begleiteten. Ihnen allen gemeinsam ist, dass sie Auschwitz überlebt haben. Wir besuchten sie in ihren Heimatstädten in Hamburg, Budapest und Jerusalem und lernten dabei ihre Familien und Freunde kennen. Unsere Reise führte uns aber auch an dunkle Orte der Menschheitsgeschichte: das Vernichtungslager Auschwitz-Birkenau und die Konzentrationslager Buchenwald und Ravensbrück. Gemeinsam mit den Überlebenden besuchten wir Stätten, die die Erinnerung an das Geschehene bewahren: die Holocaust-Gedenkstätte Yad Vashem in Jerusalem und in Erfurt den Erinnerungsort »Topf & Söhne – Die Ofenbauer von Auschwitz«.

In vielen intensiven Gesprächen wurden wir Zeugen tief greifender Verletzungen ebenso wie der heilenden Kraft der Versöhnung. Wir erhielten Antworten auf Fragen, die uns seit vielen Jahren beschäftigt hatten. Und es wurden neue Fragen in uns aufgeworfen, die uns noch lange begleiten werden.

In diesem Buch blicken Esther Bejarano, Éva Pusztai, Yehuda Bacon und Greta Klingsberg heute, sieben Jahrzehnte nach der Befreiung von Auschwitz, mit der Weisheit des Alters zurück auf das, was geschah, und erzählen von dem, was ihnen half, nicht nur zu überleben, sondern weiterzuleben und das Vertrauen in das Leben und die Menschen wiederzuerlangen. In ihren Erfahrungen verdichten sich grundlegende Fragen des Menschseins: Was können die Überlebenden uns heute lehren über die Widerstandskraft des Menschen, seinen unzerstörbaren Lebensmut und Lebenswillen, seine Würde, die er selbst unter unwürdigsten Bedingungen nicht preisgibt, seine Fähigkeit zu Mitgefühl und Mitmenschlichkeit unter schwierigsten Voraussetzungen? Dieses Wissen für uns und nachfolgende Generationen zu bewahren ist die Absicht dieses Buches.

Der Wille zur Menschlichkeit

Der Name Auschwitz-Birkenau ist wie kein anderer mit einem der größten Verbrechen der Menschheitsgeschichte verknüpft: dem Völkermord der Nationalsozialisten an den europäischen Juden. Wie kein anderer Ort ist Auschwitz assoziiert mit dem Schrecklichsten, was der Mensch seinem Mitmenschen anzutun vermag. Ausgerechnet hier, an diesem Ort der Unmenschlichkeit, wollten wir uns auf die Suche nach dem Mut zum Leben und dem Überleben der Menschlichkeit machen? War dies nicht ein irrwitziges, von vornherein zum Scheitern verurteiltes Unterfangen?

Wer sich Auschwitz nähert, blickt in den Abgrund des Menschseins, er wird Zeuge der Qualen und Leiden der Opfer

Auschwitz-Birkenau, September 2013

und der Brutalität und Grausamkeit der Täter. Und doch: Inmitten all dessen trafen wir immer wieder auf unauslöschliche Spuren der Menschlichkeit. Die vielen kleinen und großen Gesten der Hilfsbereitschaft und Solidarität in den Erzählungen der Überlebenden ließen uns aufhorchen: der letzte Bissen Brot, der trotz nagenden Hungers mit anderen geteilt wurde, die Schüssel Suppe, die trotz Lebensgefahr den verhungernden Kindern auf der anderen Seite des elektrischen Zauns gereicht wurde. »Wir haben einander geholfen. Die Solidarität hat eine sehr große Rolle gespielt, in sämtlichen Lagern«, erinnerte sich Esther Bejarano. Für den Psychoanalytiker Arno Gruen, der dem Holocaust durch die Emigration nach New York in letzter Minute entkam, ist dies ein sichtbares Zeichen dafür, dass sich der Mensch, selbst wenn er an seine äußersten Grenzen getrieben wird, immer noch ein grundlegendes Potenzial von Mitgefühl und damit den Kern seines Menschseins bewahren kann. In einem Interview mit uns sagte er: »Das Aufrechterhalten der Würde, die unzähligen kleinen Gesten des Helfens und Teilens und das Überleben selbst waren in den Todeslagern die kollektivste Form des Widerstands gegen unsagbares Grauen.«

Erschüttert, aber nicht zerbrochen

Doch aus welchen Quellen bezogen die Überlebenden die Fähigkeit, das Vertrauen in das Leben und den Glauben an die Liebe nicht zu verlieren? Woher nahmen sie die Kraft, erfahrenem Leid einen Sinn abzuringen und dieses sogar noch menschlich und künstlerisch für das Positive zu transformieren? Diese Fragen sind für uns alle und insbesondere auch für die moderne Resilienzforschung von großem Interesse. Denn es waren Überlebende des Holocaust, die Anfang der 1970er-Jahre einen grundlegenden Paradigmenwechsel innerhalb der Medizin initiierten. Als der Medizinsoziologe Aaron Antonovsky eine Untersuchung an einer weiblichen Kontrollgruppe durchführte, in der sich auch Überlebende der Konzentrationslager befanden, stellte er überrascht fest, dass sich ein hoher Prozentsatz dieser Frauen trotz der immensen physischen und psychischen Belastungen, denen sie ausgesetzt gewesen waren, in einem guten seelischen und körperlichen Zustand befanden. Das ließ den Mediziner aufhorchen und führte ihn zu einer grundsätzlich neuen Fragestellung in der Medizin: Was erhält den Menschen körperlich gesund und seelisch heil? Damit war die Salutogenese geboren, die die gesundheitsfördernden und -erhaltenden Faktoren beim Menschen in den Mittelpunkt rückt. Das von Antonovsky entwickelte Konzept sollte in den kommenden Jahren völlig neue Maßstäbe in der Medizin setzen und die Sichtweise von Gesundheit und Krankheit grundlegend revolutionieren. Aus ihm ging die moderne Resilienzforschung hervor, die nach den Ressourcen und

Widerstandskräften im Menschen Ausschau hält, die ihn im Ernstfall dazu befähigen, zerrüttende und traumatische Lebenserfahrungen nicht nur zu überstehen und zu meistern, sondern gegen alle Wahrscheinlichkeit sogar noch menschlich daran zu wachsen.

In dieser Widerstandskraft erblickte der Psychologe und Auschwitz-Überlebende Viktor Frankl den unzerstörbaren Kern des Menschseins und die letztendliche Freiheit des Menschen. Im Zentrum der von ihm begründeten Existenzanalyse steht die Überzeugung, dass der Mensch über das Potenzial verfügt, allen Lebenssituationen – und seien sie auch noch so unerträglich – einen Sinn abzuringen. »In der Art, wie ein Mensch sein unabwendbares Schicksal auf sich nimmt, darin eröffnet sich auch noch in den schwierigsten Situationen und noch bis zur letzten Minute des Lebens eine Fülle von Möglichkeiten, das Leben sinnvoll zu gestalten.«[1] Dies bezeugen die Menschen, denen Sie in diesem Buch begegnen. Sie haben es – wie viele andere Holocaust-Überlebende – trotz unsagbaren Leidens geschafft, körperlich und seelisch am Leben zu bleiben; sie haben bei aller Hoffnungslosigkeit und allem Entsetzen nicht den Willen verloren, als Mensch zu überstehen.

Die Botschaft der Überlebenden

Vielleicht werden Sie sich bei den Begegnungen mit den vier Menschen in diesem Buch wiederholt die Frage stellen, weshalb in ihren Worten keine Bitterkeit und kein Hass zu finden sind. Die Güte und Wärme, die sie ausstrahlen, stehen in starkem Kontrast zu dem, was sie an menschlicher Grausamkeit gesehen und am eigenen Leib erfahren haben. Wer ihnen heute begegnet, trifft auf ungebrochenen Lebenswillen, unzerstörte Hoffnung, tiefe Mitmenschlichkeit. Wie kommen sie zu solch einer lebensbejahenden Haltung? Diese Frage wird uns in diesem Buch beschäftigen.

Zweifellos können wir viel lernen von Menschen, die sich von leidvollen Lebenserfahrungen zwar erschüttern, nicht aber zerbrechen lassen. So antwortete Yehuda Bacon auf die Frage, ob denn ein Sinn in solch einem Leiden zu finden sei, dem er als junger Mensch ausgesetzt war: »Es kann Sinn haben, wenn es einen Menschen so tief erschüttert, bis zu den Wurzeln seines Seins, und er dann erkennt, dass der Nächste wie er selbst ist.« Das künstlerische Lebenswerk des Malers bringt diese auf Versöhnung ausgerichtete Haltung nach außen, die auf einer Verwandlung des Leides im Inneren gründet. Erfahrenes Leid nicht zu verdrängen, sondern es auszuhalten, es zu durchschreiten und nach Möglichkeiten der Transformation Ausschau zu halten, darin liegt die menschliche Größe der Porträtierten.

Nie wieder soll ein Mensch das erleben müssen, was ihnen widerfahren ist – dafür treten die vier Zeitzeugen bis heute mit großem Engagement ein. Sie gehen an Schulen, um junge Menschen vor den Gefahren des Neonazismus zu warnen, sie halten Lesungen und Vorträge über ihre eigene Lebensgeschichte, sie engagieren sich politisch gegen Faschismus und Fremdenfeindlichkeit, sie bringen ihren Willen zur Versöhnung und ihre ungebrochene Widerstands- und Schöpfungskraft in ihren Büchern, in Gemälden und der Musik nach außen. Ihre Botschaft ist klar: Liebe statt Hass, Versöhnung statt Verbitterung, Widerstand statt Resignation.

Mit diesem Buch stellen wir dem Wissen von der Unmenschlichkeit des Nationalsozialismus Erzählungen vom Überleben der Menschlichkeit an die Seite. Nicht um das, was geschehen ist, in irgendeiner Weise zu bagatellisieren. Sondern ganz im Gegenteil: um in uns allen den Willen zur Bewahrung der Menschlichkeit zu stärken. Um uns Mut zu machen zu Zivilcourage und Widerstand. Und um uns vor Augen zu führen, wie kostbar, wie einzigartig und zugleich verletzlich das menschliche Leben ist.

MenschenLeben

Zeigt uns langsam eure Sonne.

Nelly Sachs

ESTHER BEJARANO
Wir leben trotzdem

»*Wenn ich das schon überlebt habe, dann muss ich doch wieder anfangen zu leben und alles dafür tun, dass so etwas nie wieder geschieht.*«

Hamburg, 10.11.2011

Einst musste Esther Bejarano im Mädchenorchester von Auschwitz um ihr Leben spielen. Heute steht die 89-Jährige mit Musikern der nächsten Generationen auf der Bühne und ruft zum Widerstand gegen Rechtsradikalismus und Fremdenfeindlichkeit auf. Mit ihrer Musik tritt sie an gegen all jene, die aus der Geschichte nichts gelernt haben. Deswegen steht sie bis heute auf der Bühne. Und ist mit ihren 89 Jahren sogar noch unter die Rapper gegangen. »Es ist ja nicht so, dass ich diese Musik besonders liebe, doch mit ihr kann ich die Jugend einfach viel besser erreichen«, sagt sie und lacht verschmitzt. Und das gelingt ihr. Mit der Hip-Hop-Band »Microphone Mafia« und ihrem Sohn Joram jagt sie von einem Konzerttermin zum nächsten. Gemeinsam setzen sie mit ihrer Musik ein sichtbares Zeichen für Toleranz und Völkerverständigung. Weit über Deutschlands Grenzen hinaus hat sie sich damit als unermüdliche Kämpferin für Menschenrechte einen Namen gemacht. 2012 wurde ihr in Hamburg, wo sie seit vielen Jahrzehnten lebt, das Große Bundesverdienstkreuz verliehen.

Die Musik spielte von Anfang an eine große Rolle in ihrem Leben. Und sie ist bis heute ihr Lebenselixier. »Ohne Musik ging bei uns zu Hause gar nichts«, erinnert sie sich an ihre Kindheit, eine glückliche Zeit, die 1935, mit dem Einmarsch von Hitlers Truppen im Saarland, abrupt enden sollte. Es begannen Jahre der Ausgrenzung und Entrechtung, denen die Deportation und Ermordung vieler geliebter Menschen folgten. 1943 wurde sie selbst nach Auschwitz deportiert.

Damals konnte sie sich nicht wehren gegen das Unrecht. Heute schon. Als Vorsitzende des deutschen Auschwitz-Komitees engagiert sie sich seit vielen Jahren überall dort, wo die Würde des Menschen und die Menschenrechte bedroht sind. Wo immer Rechtsextremismus und Fremdenfeindlichkeit sich zeigen, stellt sie sich ihnen entgegen. Sei es die aktuelle Flüchtlingspolitik der EU, sei es die Ausgrenzung der Sinti und Roma in vielen Ländern Europas oder die Diskriminierung muslimischer Mitbürger – sie ist zur Stelle und erhebt ihre Stimme. Wie ein Seismograf spürt sie Unrecht viel früher auf als andere und schlägt Alarm. Nicht weggucken. Hinschauen, handeln – das ist ihr Lebensmotto. Damit wird sie gerade für uns Jüngere, die wir den weltweiten Katastrophenmeldungen allzu oft nur ein laues »Wir können doch sowieso nichts tun« entgegensetzen, zur Mahnerin und zum aktiven Vorbild.

Natürlich wollten wir diese engagierte Frau für unseren Film gewinnen. Nach einer ersten Kontaktaufnahme lud Esther Bejarano uns ein, anlässlich des Gedenkens an die Reichspogromnacht nach Hamburg zu kommen. Dort würde sie zwei Konzerte geben, sagte sie uns im Vorfeld, die wir mit der Kamera aufzeichnen könnten.

Die erste Begegnung verlief holprig. Gerade erst war sie von einer anstrengenden Konzertreise zurückgekommen. Sie war schwer erkältet und wusste nicht, ob ihre Stimme für ein weiteres Konzert durchhalten würde. Daher war sie alles andere als erfreut, unsere erwartungsvollen Gesichter hinter der Kamera zu sehen. »Ihr habt mir gerade noch gefehlt!«, sagte sie in wenig einladendem Ton. Und wer es bis dahin noch nicht wusste: Esther Bejarano ist eine außergewöhnlich starke Persönlichkeit. Authentisch, direkt, völlig unverstellt. Wer ihr gegenübertritt, muss wissen: Wegducken oder Aufgeben gibt's nicht. Denn Charakterstärke erwartet sie auch von ihrem Gegenüber. Wie humorvoll und herzlich sie darüber hinaus ist, durften wir bald schon erfahren.

Kaum hatte sie zu singen begonnen, schien alle Erschöpfung von ihr abzufallen. Wer sie auf der Bühne erlebt, wird förmlich elektrisiert von ihrem Widerstandsgeist und angesteckt von ihrem Lebensmut. Mit ihrem Charisma zieht sie die Menschen umgehend in ihren Bann. »Wir werden leben und erleben, schlechte Zeiten überleben. Wir leben trotzdem! Wir sind da!«, singt sie am Ende des Abends und wirft triumphierend ihre Arme in die Luft. Ja, sie hat überlebt. Und dass sie heute noch auf der Bühne steht, ist ihr persönlicher Triumph über den Vernichtungswillen des Nationalsozialismus. Es ist ein Sieg über die Unmenschlichkeit, den sie auch zum Gedenken an all die unzähligen Menschen zelebriert, die dieser Unmenschlichkeit zum Opfer fielen.

Am nächsten Vormittag stehen wir mit unserem Kamerateam und einem etwas mulmigen Gefühl in der Magengrube vor ihrer Wohnungstür. Würde es ihr gesundheitlich gut genug gehen, um sich auf das anstrengende Gespräch vor der Kamera einzulassen? Entgegen allen Befürchtungen empfängt sie uns herzlich und ist uns trotz schwerer Erkältung eine hoch konzentrierte Gesprächspartnerin, die mit großem emotionalem Engagement zu erzählen beginnt.

»Ich bin in einem wohlbehüteten und liberalen Elternhaus groß geworden. Geboren bin ich in Saarlouis, doch nach einem Jahr sind meine Eltern nach Saarbrücken gezogen, weil mein Vater dort eine Stelle als Oberkantor in der Synagoge erhalten hat. So habe ich die ersten zehn Jahre meiner Kindheit in Saarbrücken verlebt. Es war eine schöne und unbeschwerte Kindheit.

Da mein Vater Oberkantor war, haben wir uns an die religiösen Traditionen gehalten und auch einen koscheren Haushalt geführt. Das mussten wir allein schon wegen unserer Gäste tun. Wir Kinder gingen regelmäßig in die Synagoge, und das hat uns meist sogar Spaß gemacht. Vor allem, weil wir in Saarbrücken einen bezaubernden Rabbiner hatten, in den wir Mädchen alle verliebt waren.

Die Musik hat in unserer Familie immer eine sehr große Rolle gespielt. Ich bin so aufgewachsen, dass ich mir ein Leben ohne Musik einfach nicht vorstellen kann. Wir

Saarbrücken 1928: Esther (Mitte) mit ihren Geschwistern Ruth, Gerdi und Tosca (von links) beim gemeinsamen Spielen. »Ich war als Kind ziemlich wild. ›Frech wie Oskar‹, sagte mein Vater immer zu mir.«

haben viel gemeinsam gesungen, und mein Vater hat dazu Klavier gespielt. Er selbst hatte eine wunderbare Stimme und hat ganze Arien für uns gesungen. Oft haben wir Hauskonzerte gegeben, und ich kann mich gut daran erinnern, dass Menschen sich draußen auf der Straße versammelten und zuhörten. So war unser Leben. Meine Eltern sorgten auch dafür, dass alle Kinder ein Instrument spielten. Ich lernte Klavier spielen. Als mein Großvater starb, der bei uns gelebt hatte, durften wir im Trauerjahr keine Musik machen. Das war sehr hart für uns. Die Musik hat uns schrecklich gefehlt – gerade in dieser schweren Zeit, die nun für uns begann. Denn 1935 war Hitler in Saarbrücken eingezogen, und das Saarland wurde in das Deutsche Reich integriert. Wir hatten zwar schon vorher etwas Antisemitismus zu spüren bekommen, doch das war kein Vergleich zu dem, was nun geschah. Es wurden immer mehr Gesetze erlassen gegen die Juden. Wir durften viele Geschäfte nicht mehr betreten, nicht mehr ins Kino oder Theater gehen, nicht mehr an Kulturveranstaltungen teilnehmen. Überall stand: ›Juden ist der Zutritt verboten.‹ Wir Kinder mussten die Schulen verlassen, in die wir bis dahin gingen, und wurden in jüdische Schulen geschickt. Dadurch wurden wir von unserer Umgebung sehr isoliert. Unsere Spielkameraden wollten plötzlich nichts mehr mit uns zu tun haben und weigerten sich, mit uns zu spielen. Diese Ausgrenzung war für uns Kinder sehr hart. Wenigstens gab es in Saarbrücken noch einen jüdischen Kulturbund, in dem mein Vater aktiv war. So hatten wir Zugang zu kulturellen Veranstaltungen. Und wir haben in der jüdischen Schule Theaterstücke aufgeführt.

1936 sind wir nach Ulm umgezogen, weil mein Vater dort eine neue Stelle als Kantor angenommen hat. Zu dieser Zeit sind sehr viele jüdische Bürger ausgewandert. Wir konnten das leider nicht, weil wir nicht die finanziellen Möglichkeiten dazu hatten. Mein Vater hat sich zwar um Arbeitsstellen im Ausland bemüht, doch vergeblich, und so mussten wir notgedrungen in Deutschland bleiben.

In Ulm hatte ich das große Glück, dass ich in eine fortschrittliche jüdische Schule außerhalb der Stadt gehen konnte. Ich habe bei meinen Eltern gewohnt und bin jeden Morgen zum Unterricht gefahren. Wir lernten dort viele Fremdsprachen, denn alles war darauf ausgerichtet, uns auf die Emigration in andere Länder vorzubereiten. 1937 gelang es meinen Eltern, meine beiden älteren Geschwister ins Ausland zu schicken, um sie vor dem Terror der Nazis in Sicherheit zu bringen. Meiner Schwester Tosca gelang die Ausreise nach Palästina, und mein Bruder Gerdi fuhr zu einer Tante in den USA. Meine Mutter konnte den Verlust ihrer Kinder und die ganze Unsicherheit nicht verkraften und wurde schwer depressiv. Währenddessen spitzte sich die Lage um uns herum zu. Nach den entsetzlichen Ausschreitungen in der Reichspogromnacht am 9. November 1938 wurde meinem Vater klar, dass er alles versuchen musste, um seine gesamte Familie ins Ausland zu bringen. Auch er war zusammen mit anderen jüdischen Männern in dieser Nacht verhaftet und ins Gefängnis geworfen worden. Nach drei Tagen kam er wieder nach Hause. Wahrscheinlich, weil er ›Halbjude‹ war. Die anderen Männer wurden nach Dachau verschleppt.

Mich schickte mein Vater anschließend in ein Vorbereitungslager zwecks Auswanderung nach Palästina. Das lag in der Nähe von Berlin. Diese Vorbereitungslager waren damals noch erlaubt. Den Nazis war es recht, wenn wir das Land verließen. Hauptsache, wir waren weg. Doch als der Krieg ausbrach, wurden Arbeitskräfte gebraucht, und so wurden diese Lager geschlossen und wir

Esther mit ihren Eltern Margarethe und Rudolf Loewy im Jahre 1939

sind alle in Zwangsarbeitslager verschleppt worden. Ich hatte Glück, ich wurde in ein Lager nach Neuendorf gebracht, wo ich tagsüber in einem Blumengeschäft arbeiten musste. Die Inhaber waren keine Nazis und haben mich sehr gut behandelt. Aber 1943 wurden auch die Arbeitslager geschlossen, und wir sind im April auf Lastautos nach Berlin verfrachtet worden. Dort war in einem vormals jüdischen Altenheim ein riesiges Sammellager eingerichtet worden für alle Juden, die noch in Berlin und Umgebung lebten. Und von dort aus sind wir mit Viehwaggons Richtung Osten deportiert worden. Tagelang saßen wir eingepfercht in diesem überfüllten Viehwaggon, in dem es kaum genug Luft zum Atmen gab. Es war eine unvorstellbare Tortur. Alte und kranke Menschen starben auf dieser Fahrt. Nach Tagen schließlich hielt der Zug, und die Waggontüren wurden geöffnet. Als wir ankamen, wussten wir noch gar nicht, wo wir überhaupt waren. Es standen da diese Lastautos am Gleis und es wurde gesagt, dass all diejenigen, die nicht mehr gut laufen könnten, Mütter mit Kindern und Schwangere, auf die Lastautos steigen sollten, weil sie ins Lager gefahren würden. Da dachten wir noch, so schlimm kann das ja nicht werden, wenn die auf Schwangere und Gebrechliche Rücksicht nehmen. Erst später, als die Menschen ihre Verwandten suchten und nicht mehr fanden, haben wir erfahren, dass diese auf den Lastwagen direkt in die Gaskammern gebracht wurden. Anfangs hatten wir ja noch keine Ahnung gehabt, was uns erwartet. Wir hatten zwar schon gehört, dass es ein schreckliches Lager in Auschwitz gibt, aber wir wussten nicht, dass es ein Vernichtungslager ist.

Auschwitz ist unbeschreiblich, unvorstellbar. Ich kann nicht erzählen, was ich dort alles gesehen habe. Ich kann es auch nicht vergessen. Ich lebe damit. Ich bin ja schon heilfroh, dass ich heute nicht mehr diese grauenhaften

Träume habe, die ich viele Jahre Nacht für Nacht hatte. Träume, in denen die SS mit ihren schrecklichen Stiefeln auf mir herumtrampelt.

Trotzdem kann ich sagen, dass ich großes Glück hatte. Denn ich bin nicht allein, sondern mit einer ganzen Gruppe von Freunden und Freundinnen dort angekommen. Das war ein großer Halt für uns alle. Wir haben uns gegenseitig sehr geholfen. All die Unmenschlichkeit, die wir dort gesehen und erlebt haben, haben wir nur ertragen können, weil wir zusammengehalten haben. Die Solidarität hat eine sehr, sehr große Rolle gespielt. In sämtlichen Lagern. Der Zusammenhalt war das, was die Menschen zum Leben und zum Weiterleben gebracht hat. ›Wir müssen unbedingt durchhalten‹, haben wir uns gegenseitig immer wieder gesagt. Es gab natürlich auch Menschen, die diese Unmenschlichkeit nicht ausgehalten haben. Viele von ihnen haben sich das Leben genommen, indem sie in den elektrischen Zaun gelaufen sind. Ich selbst hätte das nie gemacht. Ich wollte unbedingt am Leben bleiben. Allein schon, um mich zu rächen an diesen furchtbaren Nazis. Ich hatte immer die Hoffnung, dass ich da wieder rauskomme. Dass ich das überlebe. Denn ich wollte bezeugen, was ich an diesem Ort gesehen habe. Ich glaube, das hat mir beim Überleben geholfen.

Und natürlich auch die große Solidarität untereinander. Ich bin einmal schwer an Typhus erkrankt und in das Krankenrevier gekommen. Dort konnte man eigentlich nur sterben. Oder man ist in die Gaskammer gekommen. Doch eine polnische Krankenschwester hat sich sehr um mich bemüht. Ich kannte sie gar nicht und sie mich auch nicht, doch sie hat mir das Leben gerettet. Ich war schon im Delirium und konnte nichts mehr essen. Da hat sie von irgendwoher Knoblauch besorgt und etwas davon auf mein Brot gerieben. Das war etwas ungeheuer Kostbares.

Der Geruch weckte meine Lebensgeister und brachte mich dazu, wieder mit dem Essen anzufangen. Das sind die Erlebnisse, die einem in dieser Zeit sehr geholfen haben. Dieses Zusammenstehen und Füreinander-Einstehen.«

»Ich habe viel Glück in meinem Leben gehabt, ein ganz großes Glück, ein unheimliches Glück«, schrieb Esther Bejarano in ihrem autobiografischen Buch »Erinnerungen«. Auch in unserem Gespräch fällt immer wieder das Wort »Glück«. Sogar in Zusammenhang mit ihrer Zeit in Auschwitz. Esther Bejarano besitzt die seltene Gabe, selbst den schrecklichsten Ereignissen ihres Lebens etwas Positives abringen zu können. Ihr unanfechtbarer Lebensmut und der Wille, unter keinen Umständen aufzugeben, befähigte sie immer wieder dazu, Risiken einzugehen und sich extremen Herausforderungen zu stellen.

»Ich musste anfangs sehr schwere Arbeit verrichten. Ich war einer Arbeitskolonne zugeteilt, in der wir den ganzen Tag Steine schleppten. Wir trugen sie von einer Seite des Weges auf die andere und am anderen Tag dann wieder zurück. Es war eine völlig unsinnige Arbeit. Einfach nur dazu da, die Menschen kaputt zu machen. Ich war schon sehr schwach und wusste, wenn ich noch lange in dieser Kolonne arbeiten muss, werde ich elendig zugrunde gehen. Und dann kam für mich die Rettung. Als ich eines Tages von der Arbeit in unsere Baracke zurückkehrte, stand da eine Frau und sagte, sie suche nach Frauen, die ein Instrument spielen können. Das war die Dirigentin Zofia Czajkowska, eine polnische Gefangene und Musiklehrerin, die von der SS den Auftrag bekommen hatte, ein Frauenorchester zu gründen. Da ich Klavier spielen konnte, meldete ich mich. Doch ein Klavier gab es im Lager nicht. Und so fragte sie mich, ob ich denn auch Akkordeon spielen könne. Ganz ehrlich, ich hatte noch nie ein Akkordeon in den Händen gehabt, doch aus der Not heraus habe ich geschwindelt und gesagt, das könne ich, doch ich müsse mich erst mal etwas einspielen. Sie sagte, ich solle den deutschen Schlager ›Du hast Glück bei den Frau'n, Bel Ami‹ spielen, der damals sehr populär war. Den kannte ich natürlich und ich zog mich mitsamt dem Akkordeon in die Barackenecke zurück und probte. Da ich ein gutes musikalisches Gehör habe und Klavier spielen konnte, war die rechte Hand kein Problem. Schwierig waren aber die Bässe der linken Hand. Ich hab dann so lange gesucht, bis ich die richtigen Akkorde hatte. Ich glaube, die Czajkowska wusste sehr wohl, dass ich noch nie Akkordeon gespielt hatte. Doch sie hat mich aufgenommen, und das war ein großes Glück für mich. Denn von nun an musste ich keine Steine mehr schleppen. Die Musik hat mir das Leben gerettet. Doch es war auch eine furchtbare psychische Belastung, in diesem Orchester zu spielen. Wir mussten am Tor stehen, wenn die Arbeitskolonnen morgens zur schweren Arbeit ausmarschierten und am Abend, wenn sie völlig entkräftet wieder zurückkamen. Dann hat die SS sich einfallen lassen, dass wir auch spielen mussten, wenn neue Transporte ankamen. Ich habe ganz furchtbare Dinge in Auschwitz erlebt, aber das war für mich das Schlimmste. Dass wir da stehen und spielen mussten, während die Transporte mit Menschen ankamen, die in die Gaskammern gingen.«

»Stecht tiefer die Spaten ihr einen ihr andern spielt weiter zum Tanz auf«, schrieb Paul Celan in seinem Jahrhundertgedicht »Die Todesfuge«[2], in dem er die unsägliche Verknüpfung von Mord und Musik in den Konzentrationslagern in Worte fasste. Während die Lagerleitung von Auschwitz den Massenmord an Hunderttausenden von Menschen organisierte, sorgte sie sich zugleich um das Wohl des SS-Personals und hielt es mit Kulturveranstaltungen und Konzerten bei Laune. Hierfür verfügte das Lager bereits seit 1941 über mehrere Männerorchester. Um auch der Wachmannschaft des Frauenlagers den Genuss von Musik nicht vorzuenthalten, erhielt die polnische Musiklehrerin Zofia Czajkowska 1943 den Befehl, ein Frauenorchester aus Häftlingen zusammenzustellen. Als Dirigentin des Orchesters wurde Alma Rosé, die Nichte des Komponisten Gustav Mahler, verpflichtet. Die Aufgabe der Musikerinnen bestand darin, fröhliche Lieder zu spielen, während um sie herum Menschen gequält und ermordet wurden. Zwar waren ihre Lebensbedingungen etwas besser als die der Häftlinge, die im Freien schwere körperliche Zwangsarbeit verrichten mussten, doch der Druck und die psychische Belastung waren immens. Die Zwangsarbeit der Musikerinnen bestand darin, täglich zehn bis zwölf Stunden zu proben, jeden Morgen beim Ausmarsch und am Abend beim Einmarsch der Häftlinge am Tor zu spielen, bei Besuchen von SS-Größen aufzuspielen und Tag und Nacht für die Privatfeiern und Privatwünsche der SS zur Verfügung zu stehen. Der Lagerkommandant des Frauenlagers, Franz Hößler, galt als ausgewiesener Liebhaber der klassischen Musik und unterstützte das Orchester ebenso wie die für ihre Brutalität gefürchtete Oberaufseherin Maria Mandl. Der KZ-Arzt Josef Mengele ließ sich nach den Selektionen und nachdem er Hunderte von Menschen in die Gaskammern geschickt hatte, bevorzugt die »Träumerei« von Franz Schumann vorspielen. Mitunter wurden die Musikerinnen auch gezwungen, bei der Ankunft neuer Transporte zu spielen und Menschen bei ihrem Gang in den Tod mit ihrer Musik zu begleiten.

Die Erinnerung an ihre Zeit im Frauenorchester quält Esther Bejarano bis zum heutigen Tag. Damals konnte sie sich nicht wehren, konnte die Menschen nicht warnen. Heute schon. Deshalb singt sie Lieder aus dem jüdischen und antifaschistischen Widerstand. Um uns heute Mut zur Zivilcourage zu machen. Und um an die Menschen von damals zu erinnern, die aufstanden gegen das Unrecht.

»Die Musik, die wir in Auschwitz in diesem Mädchenorchester machen mussten, war erzwungen und gegen unseren Willen. Doch die Musik war in dieser Zeit auch ein Mittel des Widerstands. In den Gettos und Konzentrationslagern sind viele Widerstandslieder entstanden. Und die Menschen haben diese heimlich gesungen, weil sie ihnen Mut gegeben haben. Ich singe diese Lieder ja heute noch auf der Bühne. Denn es sind sehr wichtige Lieder, die bezeugen, dass es einen Widerstand gab. Davon wurde später nie erzählt. Und das ist bis heute kaum bekannt. Es hieß ja immer nur, die Juden hätten sich zur Schlachtbank führen lassen, ohne dass sie sich dagegen aufgelehnt hätten. Das stimmt aber nicht! Es gab Aufstände in den Gettos und den Konzentrationslagern. Und selbst in der Hölle von Auschwitz fanden Menschen den Mut, Widerstand zu leisten. Doch dies brachte natürlich immer den Tod mit sich. Die Menschen sind aufgestanden, sie haben gekämpft, und sie sind in den Tod gegangen.«

Sechs lange Monate musste Esther Bejarano in dem Frauenorchester von Auschwitz spielen. Bis sich eines Tages völlig unerwartet die Möglichkeit eröffnete, das Vernichtungslager zu verlassen.

»Ich hatte noch mal großes Glück, weil man bei einem Appell nach sogenannten ›Mischlingen‹ gesucht hat, also nach Frauen, die ›arische‹ Vorfahren hatten. Da ich eine christliche Großmutter hatte, war dies meine Chance, aus Auschwitz herauszukommen. Man sagte uns, wir würden in ein anderes Konzentrationslager gebracht werden. Das war schon ein Lichtblick, weil es bedeutete, von den Gaskammern wegzukommen. Doch es fiel mir schwer, meine Freundinnen zurückzulassen. Zumal ich nicht wusste, wo man mich hinbringen würde. Meine Freundinnen sagten aber, ich müsse mich unbedingt melden, weil dies eine Chance zum Überleben wäre. Und so meldete ich mich. Doch erst mussten wir vor Dr. Mengele treten und wurden von ihm begutachtet, ob wir überhaupt transportfähig waren. Ich hatte damals aufgrund des Hungers eine Avitaminose, und mein ganzer Körper war von Furunkeln übersät. Wenn er das sieht, so befürchtete ich, schickt er mich gleich ins Gas. Doch glücklicherweise hat er mich bei der Selektion durchgewinkt.

Daraufhin bin ich mit 70 anderen Frauen im November 1943 in das schreckliche Frauenkonzentrationslager Ravensbrück gekommen. In Ravensbrück musste ich anfangs wieder schwere Arbeit leisten. Ich habe Kohlenloren geschoben und musste die Kohlen aufladen und abladen. Dann hörte ich, dass man sich für Zwangsarbeit bei der Firma Siemens melden kann. Das habe ich umgehend getan. Und bin dort in Halle 4 gekommen, wo wir Schalter bauen mussten für die Unterseeboote. Ich arbeitete dort mit ukrainischen Zwangsarbeiterinnen zusammen, mit denen ich mich sehr gut verstanden habe. Sie brachten mir russische Lieder und Tänze bei, und ich lernte Russisch von ihnen. Bis heute erfüllt es mich mit Genugtuung, dass Tausende von Kisten mit diesen Schaltern zurückkamen, weil wir sie absichtlich falsch zusammengebaut hatten.«

Während des Zweiten Weltkriegs wurde bis zu einem Drittel der wirtschaftlichen Produktion Deutschlands durch den Einsatz von zwölf Millionen Zwangsarbeitern erbracht. Allein dadurch konnte die wirtschaftliche und landwirtschaftliche Produktion aufrechterhalten werden. Siemens übernahm als führender Elektrokonzern für die Rüstungsindustrie die Vorreiterrolle bei der systematischen Ausbeutung von Zwangsarbeitern. Das Unternehmen errichtete 1942 ein Rüstungswerk mit 20 Produktionshallen nahe dem Konzentrationslager Ravensbrück. Hier musste

Esther Bejarano gemeinsam mit anderen Frauen aus dem KZ anderthalb Jahre Zwangsarbeit leisten. Doch trotz der rücksichtslosen Ausbeutung zahlloser Zwangsarbeiter war der Krieg für Deutschland nicht zu gewinnen. Und damit stand die Befreiung der Häftlinge in Ravensbrück 1945 kurz bevor.

»Ich habe immer fest daran geglaubt, dass ich wieder frei sein werde. Und eines Tages war es dann auch fast so weit. Es wurde im Lager gemunkelt, wir sollten versuchen, an zivile Kleidung zu kommen und diese unter der Sträflingskleidung tragen. Für den Fall, dass wir evakuiert würden. Denn die russische Armee stand schon fast vor den Toren von Ravensbrück. Da hat die SS uns alle, die wir noch laufen konnten, aus dem KZ herausgetrieben, damit die Russen uns nicht finden. Und wir sind auf einen der Todesmärsche gegangen, wie sie später genannt wurden, weil so viele Menschen, die bis dahin überlebt hatten, dabei ihr Leben verloren. Wir sind durch die Wälder und Dörfer von Mecklenburg marschiert, ich und sechs meiner Freundinnen in einer Reihe, auf beiden Seiten von der SS mit ihren Gewehren flankiert. Wer hinfiel, wurde sofort erschossen. So sind wir gegangen, viele Tage und Nächte. Wir haben gefroren. Es gab nichts zu essen. Und wir haben nicht gewusst, wohin man uns bringt. ›Die werden uns doch nicht noch in letzter Minute alle erschießen‹, hofften wir inständig. Dazu kam es dann auch nicht mehr. Denn wir hörten eines Tages, wie ein SS-Mann zu einem anderen sagte: ›Es darf nicht mehr geschossen werden.‹ Da wussten wir, der Krieg ist bald zu Ende. Und wir entschieden uns zur Flucht. Als wir in der Dunkelheit durch einen Wald gingen, nutzten wir die Chance, ließen uns eine nach der anderen unauffällig zurückfallen und versteckten uns hinter Bäumen. Während die Kolonne sich weiterschleppte, sind wir sieben Mädchen in die andere Richtung gelaufen.

Und sind schon bald auf amerikanische Soldaten getroffen. Denen haben wir unsere eintätowierten Nummern gezeigt. Und die haben sich so gefreut, dass sie uns helfen konnten. Umarmt und geküsst haben sie uns. Obwohl wir wirklich kein schöner Anblick waren, ausgemergelt und schmutzig, wie wir waren. Und dann haben sie uns auf ihre Panzer genommen und sind mit uns in das nahe gelegene Städtchen Lübsch gefahren. Dort haben wir uns in einem Gasthaus erstmals wieder satt gegessen. Die Amerikaner wollten von uns hören, was wir erlebt hatten, und da ich Englisch sprechen konnte, erzählte ich ihnen, wo wir herkamen. Ein Soldat brachte ein Akkordeon von irgendwoher und schenkte es mir. Plötzlich hörten wir einen Riesenlärm auf der Straße und sind nach draußen gerannt. Da kam die Rote Armee, und die Russen haben gerufen: ›Der Krieg ist aus! Hitler ist tot!‹ Wir waren alle so unbändig glücklich. Die Amerikaner und Russen fielen sich in die Arme und küssten sich. Und wir Mädchen waren mittendrin in diesem Freudentaumel. Es war eine Wonne! Dann wurde die Befreiung gefeiert. Auf dem Marktplatz des Städtchens haben die Soldaten ein großes Hitlerbild aufgestellt und angezündet, und die Soldaten und die Mädchen sind um das Bild herumgetanzt. Und ich habe dazu das Akkordeon gespielt.«

Endlich frei! Was würde sie mit ihrer wiedererlangten Freiheit anfangen? In ihrem Heimatland, in dem ihr so viel Unrecht widerfahren war, wollte sie keinesfalls bleiben. Und so verließ Esther Bejarano im August 1945 auf einem Schiff zusammen mit anderen Überlebenden Deutschland, um sich in Palästina ein neues Leben aufzubauen. Die Begrüßung im Gelobten Land verlief jedoch alles andere als herzlich. Die englische Mandatsregierung wollte die Zuwanderung von Juden aus Europa einschränken. So wurden die Ankommenden in einem Internierungslager festgehalten, das mit hohen Drahtzäunen umgeben war, was in den eben erst aus den deutschen Lagern Befreiten traumatische Erinnerungen auslöste. Esther hatte das Glück, dass ihre Schwester Tosca und ihr Mann bereits in Palästina lebten und für sie bürgen konnten. Daher holten sie sie schon bald aus dem Lager. Eine ganze Nacht lang erzählte Esther ihrer Schwester von dem, was ihr in Auschwitz und Ravensbrück widerfahren war. Danach sollte sie viele Jahre nicht mehr über ihre Vergangenheit sprechen. Auch nicht mit ihrem Mann und ihren Kindern. Noch waren die Wunden zu frisch, und der Aufbau eines neuen Staates stand an, der in seiner Gründerzeit die Erinnerungen an den Holocaust zu verdrängen suchte. Auch für die Überlebenden selbst war daher Verdrängung angesagt. Esther arbeitete in diesen Jahren sehr hart, um sich ein Gesangsstudium in Tel Aviv finanzieren zu können. In einem antifaschistischen Arbeiterchor, mit dem sie nach Abschluss ihres Studiums um die Welt reiste, lernte sie Nissim Bejarano, die große Liebe ihres Lebens, kennen. 1950 heirateten die beiden, und schon bald darauf kamen die Kinder Edna und Joram zur Welt. Fast 50 Jahre lebte das Paar zusammen. Nissim starb 1999 an den Folgen seiner Parkinson-Erkrankung. Bis zu seinem Tod hat Esther ihren schwer kranken Mann gepflegt.

Esthers Ehemann Nissim mit den Kindern Edna und Joram 1953 in Israel

Esther 1946 in Palästina

»Ich musste in meinem Leben sehr viele weitreichende Entscheidungen treffen«, sagte sie einmal in einem Gespräch. Vor eine dieser einschneidenden Lebensentscheidungen sah sie sich zwei Jahrzehnte nach ihrer Auswanderung nach Israel gestellt. Da Esther das heiße Klima in diesem Land immer schlechter vertrug und Nissim, der als überzeugter Pazifist aus dem Sinaikrieg zurückgekehrt war, keinesfalls in einen weiteren Krieg des Nahen Ostens ziehen wollte, entschlossen sie sich schweren Herzens, Israel wieder zu verlassen. Lange berieten sie darüber, in welches Land Europas sie ziehen sollten. Die Rückkehr nach Deutschland bot sich aus praktischen Erwägungen an, da Esther nicht nur die Sprache beherrschte, sondern immer noch deutsche Staatsbürgerin war.

Doch die Rückkehr in das Land der Täter gestaltete sich für die Holocaust-Überlebende äußert schwierig. Jeder Polizist ließ sie unweigerlich an die Gestapo denken, die Behördengänge und der deutsche Bürokratismus wurden zur Tortur. Wie sollte sie den Menschen in diesem Land wieder vertrauen können? Viele der ehemaligen aktiven Nationalsozialisten galten als »entnazifiziert« und befanden sich in den 60er-Jahren erneut in Amt und Würden. Am Anfang scheute Esther jeglichen Kontakt zu ihren nichtjüdischen Nachbarn.

Durch harte Arbeit und mithilfe von Wiedergutmachungszahlungen konnte sich die Familie schließlich eine stabile Existenz aufbauen: 1969 eröffnete Esther eine kleine Boutique. Hier kam sie in Kontakt mit vielen jungen Menschen und lernte eine ganz neue Generation Deutschlands kennen. Es war die Zeit der Studentenunruhen, in der die Kinder der Kriegsgeneration gegen die repressive und autoritäre Macht ihrer Eltern aufbegehrten. Eines Tages musste Esther von ihrer Boutique aus mit ansehen, wie auf der anderen Straßenseite ein NPD-Stand aufgebaut wurde, der unter Polizeieinsatz vor den Gegendemonstranten geschützt wurde. Sie rannte auf die Straße und stellte sich auf die Seite der Demonstranten. Dieser Moment war die Initialzündung für ihr bis heute anhaltendes politisches Engagement gegen Rechtsradikalismus.

»Wenn ich das schon überlebt habe, dann muss ich doch wieder anfangen zu leben. Und dann muss ich den Menschen sagen, so etwas darf nie wieder geschehen. Wir wollen doch alle leben! Wir wollen doch alle in Frieden leben! Wir wollen keine Kriege mehr! Krieg bedeutet immer die Vernichtung von Menschenleben. Und das wollen wir doch nicht. Wir wollen das Leben genießen. Deshalb mache ich das. Das ist doch ganz klar. Es gibt immer noch Leute, die sagen, nach Auschwitz könne man keine Bilder mehr malen, keine Gedichte mehr schreiben, keine Musik mehr machen. Aber genau das Gegenteil ist der Fall! Wir müssen doch zum Ausdruck bringen, was damals geschah. Und das mache ich dann eben in meiner Musik.

Ich bin ja Sängerin von Beruf. Ich habe in Israel Gesang studiert. Eigentlich bin ich Sopranistin, aber das schafft meine Stimme jetzt natürlich nicht mehr. Doch sie hält noch ein bisschen. Und da ich weiß, dass man mit Musik die Menschen erreichen kann, gehe ich auf die Bühne, um für Toleranz und Völkerverständigung zu werben. Und mit den Rappern von ›Microphone Mafia‹ erreiche ich mit dieser Botschaft auch die Jugendlichen. Wir haben schon weit über hundert Konzerte gegeben, und es werden immer mehr. Was ich so toll dabei finde, ist ja nicht nur, dass drei Generationen zusammen auf der Bühne sind, sondern auch drei Religionen. Wir sind Juden, wir sind Christen und wir sind Moslems auf der Bühne. Und wir vertragen uns großartig. Das soll auch ein deutliches Zeichen setzen gegen die Fremdenfeindlichkeit in unserem Land. Derzeit sind die Moslems die schwarzen Schafe in unserer Gesellschaft. Es muss anscheinend immer jemanden geben, dem man die Schuld geben kann. Ich finde das

Microphone Mafia on stage: Joram Bejarano, Rossi Pennino, Kutlu
Yurtseven und Esther Bejarano (von links nach rechts)

schrecklich! Wir machen mit unseren Auftritten deutlich,
dass alle Menschen friedlich miteinander leben können,
egal, welcher Kultur oder Religion sie angehören.«

Mit der Musik erreicht Esther Bejarano die Herzen der Menschen. Seit einigen Jahren tourt sie nun mit den Rappern von
»Microphone Mafia« durchs Land. »Per La Vita« – »Für das
Leben« heißt die erste gemeinsame CD mit der Hip-Hop-Band.
Hierfür haben sie Lieder aus dem jüdischen und antifaschistischen Widerstand musikalisch so aufbereitet, dass sie damit die
jungen Menschen von heute erreichen. Es sind Lieder, die von
unbesiegbarem Lebenswillen künden und zu Widerstand und
Zivilcourage aufrufen.

»Meine Botschaft heute kann natürlich nur sein: Wir
müssen weitermachen, wir müssen weiterkämpfen gegen

den erstarkenden Neonazismus. Deshalb gehe ich in die Schulen. Ich erzähle den Jugendlichen, was damals geschehen ist und was mir widerfahren ist. Damals hat das auch so angefangen mit kleinen Nazigruppen, die dann rasch größer wurden. Immer dann, wenn sich die wirtschaftliche Lage verschlechtert und die Arbeitslosigkeit zunimmt, ist dies der Nährboden für das Gedankengut der Neonazis. Mir ist es unbegreiflich, dass all diese Naziparteien und Gruppen hier in Deutschland überhaupt bestehen dürfen. Meiner Meinung nach müssten sie alle verboten werden. Und ich wünschte, unsere Regierung würde mehr dagegen tun. Doch weil dies nicht so ist, bleibt mir gar nichts anderes übrig, als mich weiter zu engagieren. Denn jeder Einzelne von uns muss etwas gegen diese Nazis tun. Deshalb habe ich auch 1986 gemeinsam mit Freunden das Deutsche Auschwitz-Komitee gegründet, dessen Vorsitzende ich bis heute bin. Es wurde von Menschen ins Leben gerufen, die diese Zeit erlebt und überlebt haben. Wir haben das Komitee aber von Anfang an auch für junge Menschen geöffnet, die mit uns zusammenarbeiten wollen. Was ganz wichtig ist, denn von uns gibt es nicht mehr so viele. Zwischenzeitlich gibt es ja kaum noch Zeitzeugen. Und was kommt nach uns, wenn wir nicht mehr sind? Meine Hoffnung sind die vielen jungen Menschen, die sich für Frieden und Völkerverständigung engagieren. Daher bin ich zuversichtlich, dass unsere Arbeit, wenn wir einmal nicht mehr sind, von ihnen weitergeführt wird. Und dass unsere Geschichte nicht vergessen, sondern weitererzählt wird. Denn die Verbrechen der Shoah sind nicht zu vergleichen mit irgendetwas anderem. Es gibt auch heute Kriege, großes Unrecht und Völkermord. Doch diese fabrikmäßige Vernichtung eines ganzen Volkes, das gab es noch nie. Und das darf es auch nie wieder geben. Wir vom Auschwitz-

Komitee treten dafür ein. Ich bin ja von Haus aus ein optimistischer Mensch. Und ich hoffe, dass ich mit meiner Zuversicht nicht fehlgehen werde. An einen Gott kann ich nach Auschwitz nicht mehr glauben. Aber ich glaube an die Menschen. Und ich glaube an das, was Menschen sich erarbeiten und wofür sie eintreten.«

Sage Nein! Auf der Bühne mit Konstantin Wecker

Ein ganz besonderer Event kündigte sich für den Sommer 2012 in der Heimatstadt von Esther Bejarano an. Der Liedermacher Konstantin Wecker hatte sie als »Special Guest« zu seinem Open-Air-Konzert auf der Hamburger Waldbühne eingeladen. Berühmt wurde der gesellschaftspolitisch engagierte Musiker in den 70er-Jahren durch seine Ballade »Willy«, die an einen Freund erinnert, der bei einer Auseinandersetzung mit Rechtsradikalen erschlagen wurde. In vielen seiner Lieder tritt Konstantin Wecker bis heute gegen Rechtsradikalismus an. Durch die gemeinsame politische Arbeit ist er Esther seit vielen Jahren freundschaftlich verbunden. In dem Buch »Meine rebellischen Freunde« widmete er ihr ein Kapitel und schrieb: »Mit Esther Bejarano habe ich zwei Mal auf der Bühne gestanden und gemeinsam mit ihr Lieder aus dem Widerstand gesungen. Es ist eine wahre Freude, sie zu erleben. Sie ist eine unglaublich lebendige Frau, ein sprudelnder Quell der Vitalität. Umgehend vergisst man, dass sie 87 Jahre alt ist. Mit ihrer Musik und ihrer Menschlichkeit erreicht sie die Jungen. Und die Jungen verehren sie, weil sie diese zeitlose Coolness hat, die nur wenigen Menschen zu eigen ist.«[3]

Es ist ein freudiges und herzliches Wiedersehen. Neuigkeiten werden ausgetauscht, gemeinsame Erinnerungen geteilt. Zusammen mit den Musikern der Band besprechen sie den Ablauf des Auftritts. Die beiden Lieder, die sie an diesem Abend gemeinsam vor großem Publikum vortragen werden, haben Konstantin Wecker und Esther Bejarano bislang noch nie zusammen aufgeführt. Esther hat sich für diesen Abend ihr Lieblingslied aus dem jüdischen Widerstand »Wir leben trotzdem« gewünscht, bei dem sie alleine singen wird, um danach zusammen mit Konstantin Wecker seinen Klassiker »Sage Nein!« zu singen, ein rockiger und mitreißender Aufruf zum Widerstand gegen Neonazismus. »Aber macht bloß nicht so schnell, damit ich auch mitkomme!«, ermahnt Esther die jüngeren Musiker lachend.

Erstaunlich schnell werden die passenden Akkorde, Tonlagen und Textpassagen zusammengetragen. Hier sind Vollblutmusiker unter sich, die sich in Windeseile aufeinander einstimmen können. Es herrscht eine entspannte und zugleich angeregte Atmosphäre. Esther genießt das Zusammensein mit den jüngeren Musikern, die von ihrem Charme sichtlich hingerissen sind.

Nach einem Soundcheck und der Generalprobe auf der Bühne ergibt sich vor dem Konzert noch ein gemeinsames Gespräch der beiden Künstler über die Bedeutung von Mut und Widerstand.

Konstantin Wecker: »Es ist wunderschön, dass du da bist und dass wir heute zum dritten Mal zusammen auf der Bühne stehen werden. In meinem Buch ›Meine rebellischen Freunde‹ habe ich über die Menschen geschrieben, die mich seit vielen Jahren begleiten und die mir immer wieder Mut machen, wenn ich spüre, dass ich müde werde und aufgeben möchte. Und da gehörst du natürlich dazu mit deiner faszinierenden Ausstrahlungskraft, die du hast, trotz all dem, was du erleben musstest. Mit 88 Jahren machst du immer noch Musik und stehst mit jungen Leuten auf der Bühne. Und zeigst, dass sich Musik und Widerstand vereinen lassen.«

Esther Bejarano: »Wie du weißt, bin ich zwischenzeitlich ja auch unter die Rapper gegangen. Das hat auch einen besonderen Grund. Die Rapper von ›Microphone Mafia‹ hatten vor, eine CD mit antifaschistischen Liedern von damals zu machen. Und dafür haben sie sich mit mir in Verbindung gesetzt. Sie wollten wissen, ob ich mir vorstellen könnte, mit ihnen gemeinsam zu singen und aufzutreten.

Die dachten natürlich, ich würde sofort ablehnen. Als ich dann aber hörte, dass sie diese CD machen wollen, um sie an die Schulen zu bringen und damit diesen schrecklichen CDs der Neonazis etwas entgegenzustellen, habe ich sofort zugesagt.«

Konstantin Wecker: »Das ist auch wirklich wichtig. Denn die Nazis haben mit ihren CDs unglückseligerweise großen Erfolg. Was mich so berührt an deiner Geschichte, ist ja nicht nur die Zeit bis 1945, sondern dass du auch anschließend immer von einem Widerstandsgeist beseelt geblieben bist. Diesen Widerstand brauchen wir. Auch in der jetzigen Zeit gibt es immer wieder Momente, wo wir uns fragen müssen, ob wir eigentlich noch gut auf die Demokratie aufpassen. Oder ob sie schon verkauft worden ist an Banken und Spekulanten. Und in so manchen Vertuschungsfällen sogar schon wieder an die Neonazis.«

Esther: »Das ist ja das Schlimme! Meiner Meinung nach dürfte es gerade hier in Deutschland überhaupt keine Nazis mehr geben. Die Regierung müsste viel mehr dagegen tun. Da sie das aber nicht tut, machen wir das eben. Und deshalb gehe ich an die Schulen und halte Vorträge, deshalb stehe ich auf der Bühne und singe Widerstandslieder. Wenn ich in den Schulen auf junge Leute treffe, die nicht an der Vergangenheit interessiert sind, dann sage ich ihnen: ›Ihr habt keine Schuld an dem, was geschehen ist. Aber ihr macht euch schuldig, wenn ihr nichts über diese Geschichte wissen wollt.‹ Denn es ist wichtig, dass sie erfahren, was damals geschah. Ich sage den Jugendlichen in meinen Vorträgen auch immer, dass es einen deutschen Widerstand gegeben hat. Denn das wissen sie oft nicht. ›Die haben doch alle mitgemacht‹, sagen sie mir. Dabei wurden doch so viele Menschen umgebracht. Kommunisten, Sozialdemokraten und viele andere, weil sie gegen die Nazis gekämpft haben. Darüber müssen die Menschen viel mehr erfahren.«

Konstantin Wecker: »Bezeichnenderweise ist ja auch der Fallada-Roman ›Jeder stirbt für sich allein‹ erst vor ein paar Jahren ganz groß rausgekommen. Weil man sich anscheinend in Deutschland jetzt erst gestattet zuzugeben, dass es mehr Widerstand gegeben hat, als man gedacht hat. Das sollte und wollte doch lange keiner wissen. All

Konstantin Wecker im Gespräch mit Esther Bejarano: »Ebenso wie du bin ich davon überzeugt, dass es nach Auschwitz wichtiger denn je ist, Lieder zu singen und Gedichte zu schreiben. Es ist die Aufgabe des Künstlers zu zeigen, wie wertvoll, wie einzigartig das Leben ist.«

Esther und Konstantin auf der Waldbühne in Hamburg. »Wenn sie jetzt ganz unverhohlen wieder Nazilieder johlen, über Juden Witze machen, über Menschenrechte lachen ... Sage Nein!«

diejenigen, die mitgemacht hatten, wollten uns ja immer weismachen, dass alle mitmachen mussten. Aber nein, es haben eben nicht alle mitgemacht!«

Esther: »Dass viele Menschen mitgemacht haben, das wissen wir ja. Aber es gab auch Menschen, die uns geholfen haben. Selbst in der SS gab es vereinzelt solche Männer und Frauen. Das muss man erwähnen und respektieren. Und ich sage dir ganz ehrlich: Ich könnte hier in Deutschland nicht leben, wenn ich nicht Freunde hätte, die ehemalige Verfolgte des Naziregimes sind. Und dazu gehören die deutschen Widerstandskämpfer. Diesen Menschen kann ich vertrauen.«

Konstantin Wecker: »Ich habe mir viele Gedanken gemacht über die ›Weiße Rose‹ und habe dazu ja auch ein Lied geschrieben, das mit der Zeile endet: ›Es geht ums Tun und nicht ums Siegen.‹ Denn man darf nicht glauben, dass deren Widerstand nichts bewirkt hätte. Sie konnten zwar nicht das Regime beseitigen, doch ohne Sophie und Hans Scholl und all die anderen wäre unsere Geschichte noch weit unerträglicher, als sie es bereits ist. Ihr Widerstand ist wie ein Leitbild, das weitergetragen wird. Vielleicht kann der einzelne und persönliche Widerstand nicht die Welt verändern, doch er ist wichtig, weil er da ist und weil er ein unübersehbares Zeichen setzt in der Geschichte der Menschheit.

Und ich will dir einfach noch mal sagen, liebe Esther, wie wunderbar ich es finde, dass es dich gibt und dass du bis heute so aktiv bist. Du bist ein ganz großes Vorbild für mich und viele andere Menschen.«

Esther Bejarano: »Das bist du auch. Und alle, die etwas tun!«

Das Konzert beginnt. Konstantin Wecker und seine Band sind auf der Bühne. Wir warten mit Esther auf ihren Auftritt im Backstagebereich, der als Höhepunkt vor der Pause geplant ist. Begeistert hört sie zu, wippt mit und scheint alles andere als aufgeregt zu sein. Als Konstantin Wecker sie dem Publikum ankündigt, tritt sie gelassen auf die Bühne. Und da steht sie, diese kleine Frau auf dieser großen Bühne, die sie umgehend mit ihrer Präsenz füllt. »Wir leben trotzdem! Wir sind da!«, singt sie vor dem begeisterten Publikum. Dann gemeinsam mit Konstantin Wecker: »Tobe, zürne, misch dich ein: Sage Nein!« Ein unvergesslicher Auftritt für alle, die an diesem Abend in der Waldbühne von Hamburg dabei waren.

Berlin, 30. Januar 2013

Wege der Erinnerung

Die Wolken ziehen sich bedrohlich am Himmel über Berlin zusammen. Ein grauer, ungemütlicher Tag kündigt sich an. Einer von diesen Januartagen, an denen einem die Kälte nassklamm in die Knochen kriecht. Alles andere als das, was man sich für einen Drehtag erhofft, schon gar nicht für den Drehtag mit einer 88-Jährigen. Ich hole Esther Bejarano vom Bahnhof ab. Gemeinsam mit einem alten Freund, dem Schauspieler Rolf Becker, ist sie aus Hamburg angereist. Das markante Gesicht des Schauspielers ist den Fernsehzuschauern aus vielen Filmen bekannt. Weniger bekannt dürfte ihnen sein politisches Engagement gegen Rechts sein, durch das er Esther seit vielen Jahren freundschaftlich verbunden ist. Lachend und winkend steigen sie aus dem Zug. »Was sagst du zu meiner Mütze, die ich für heute gestrickt habe?«, fragt sie und lächelt kokett. Eine knallrote Mütze ziert ihr Haupt, sie steht ihr einfach großartig. Ein gelungeneres Symbol für ihre Lebenskraft hätte keinem Filmemacher einfallen können. Gemeinsam fahren wir nach Berlin-Weißensee, wo Thomas und das Kamerateam bereits auf uns warten. Hier liegt der größte jüdische Friedhof Europas, der zugleich auch ein beeindruckendes kulturhistorisches Denkmal ist. Ein ganz besonderer Zauber liegt über diesem stillen, mit alten Bäumen bewachsenen und von Efeu überwucherten Ort. Viele Geschichten und Mythen ranken sich um diesen Friedhof, der selbst während der NS-Zeit nicht zerstört oder geschändet wurde und deshalb auch untergetauchten Juden als Versteck diente. Im Eingangsbereich, hinter dem schmiedeeisernen Portal, befindet sich eine Gedenkanlage für die Opfer der Shoah. Sie erinnert an die unzähligen Ermordeten, die kein Grab fanden und deren Asche in alle Winde verstreut wurde. Esther und Rolf legen am Mahnmal ei-

46

nen Stein zur Erinnerung an die Toten ab. Dann gehen sie durch das Rondell, in dem Gedenktafeln für die Konzentrationslager liegen. Esther bleibt vor der Gedenktafel, die an Auschwitz erinnert, stehen. Und beginnt aufgewühlt zu erzählen.

»Auschwitz-Birkenau. Wo ich auch im Orchester gespielt habe. Und Musik machen musste, wenn neue Transporte ankamen. Transporte, von denen wir wussten, dass sie direkt in die Gaskammer gingen. Die Menschen selbst, die in diesen Zügen ankamen, wussten nicht, wohin man sie führt und wohin sie kommen. Wir aber wussten das und haben mit Tränen in den Augen dagestanden. Wir haben gespielt, und die Leute haben uns zugewunken und haben wahrscheinlich gedacht, wo die Musik spielt, da kann es doch nicht so schlimm sein. Das war die Taktik der Nazis. Die wollten, dass dieser ganze Transport, dass all diese Menschen in Ruhe in die Gaskammern gehen und nicht revoltieren. Das ist etwas, was ich nie in meinem Leben vergessen kann. Für mich ist das das Schlimmste, was ich erlebt habe. Weil ich einfach nicht helfen konnte. Und wir konnten auch nicht aufhören zu spielen, weil hinter uns die SS stand mit ihren Gewehren. Wir hatten keine Chance.«

Auf dem Friedhof liegen die Großeltern von Esther begraben. Wir begleiten sie und Rolf Becker mit der Kamera zum Grab. Nieselregen setzt ein. Rolf öffnet den azurblauen Regenschirm, der zusammen mit Esthers roter Mütze den grauen Wolken einen farbenfrohen Kontrast entgegensetzt. Behutsam und voller Aufmerksamkeit begleitet er sie durch den Tag, achtet immer darauf, dass Esther gut im Bild ist, gibt ihr den Raum und hält sich selbst diskret im Hintergrund. Durch sein mitfühlendes Zuhören macht er es Esther leichter, ihre schmerzhaften Erinnerungen zu schildern und mit uns zu teilen. Die beiden gehen zusammen über den stillen Friedhof, vorbei an alten, efeubewachsenen Grabmälern. Und gelangen zum Grab von Esthers Großeltern. Der Großvater, Max Loewy, war bereits 1936 verstorben, seine Frau Ida folgte ihm einige Jahre später. Mit ihrem natürlichen Tod entgingen beide einem wohl weitaus schrecklicheren Schicksal.

»An meinen Großvater Max Loewy kann ich mich gut erinnern. Der war ein Luftikus! Der hat nie in seinem Leben arbeiten müssen. Ich weiß gar nicht, wie er das gemacht hat. Ich glaube, er hat seine Frau, die Ida, arbeiten lassen. Er war in seiner Umgebung als großartiger Geschichtenerzähler bekannt. Er ist in die Kneipen gegangen und hat den Leuten tolle Geschichten erzählt und wurde dafür eingeladen. Oft war er so betrunken, dass er nachts von einem Polizisten heimgebracht wurde.

Meine Großmutter ist 1942 gestorben. Ich war damals 17 Jahre alt und im Arbeitslager in Neuendorf. Ich erhielt eine Sondergenehmigung und durfte mit dem Zug nach Berlin fahren. Zugfahren war Juden zu dieser Zeit ja schon lange nicht mehr erlaubt. Und so konnte ich bei der Beisetzung dabei sein. Ein großer Teil unserer Familie hatte in Berlin gelebt. Doch außer mir und meinem Onkel Alfred konnte niemand mehr kommen. Alle unsere Verwandten waren bereits in Theresienstadt. Auch mein Onkel wurde kurz nach der Beerdigung dorthin deportiert. Von dort aus kamen alle nach Auschwitz. Wo sie ermordet wurden. Ich habe ihre Namen später im Archiv von Auschwitz wiedergefunden.«

Auf dem efeubewachsenen Grab liegt eine Gedenktafel, deren Inschrift Esther laut vorliest:

»›Die Welt hat es gesehen, doch Himmel und Erde stellten sich blind. Zum Gedenken an meine Eltern und Schwester, die während der nazistischen Gewaltherrschaft ermordet wurden.‹ Die Platte habe ich auf das Grab legen lassen zum Gedenken an meine ermordeten Eltern Rudolf und Margarethe Loewy. Und an meine Schwester Ruth. Ich habe erst nach dem Krieg, als ich schon in Palästina war, erfahren, was mit meinen Eltern und meiner Schwester geschehen ist. Dass meine Eltern in den Osten verschleppt worden waren, das wusste ich. Denn ich wurde, als ich im Arbeitslager in Neuendorf war, aufgefordert, nach Breslau, ihrem letzten Wohnort, zu kommen und die elterliche Wohnung aufzulösen. Mit einer Sondererlaubnis bin ich hingefahren und wurde von der Gestapo am Bahnhof abgeholt. Die haben mich dann in die Wohnung gebracht, die verriegelt war. Ich durfte mir dort nur etwas Wäsche und Kleidung mitnehmen. Alles andere musste ich dalassen. Es war deutlich, dass auch meine Eltern nichts hatten mitnehmen können. Wo denn meine Eltern seien, fragte ich die Gestapo-Männer. Die sind in den Osten in ein Arbeitslager gekommen, wurde mir barsch gesagt. Meine Mutter war damals schon sehr krank. Ich machte mir große Sorgen, ob sie das überleben würde.

Was wirklich geschehen ist, erfuhr ich erst nach dem Krieg. Ich war gleich nach der Befreiung nach Bergen-Belsen gegangen, weil dort eine Sammelstelle eingerichtet wurde für all diejenigen, die nach Palästina auswandern wollten. Und dort gab es eine riesige Wand, auf die alle ihre Namen schrieben, die überlebt hatten. Um die Menschen zu finden, die sie verloren hatten. Auf dieser Wand habe ich lange und vergeblich nach meinen Eltern und meiner Schwester gesucht. Erst viel später habe ich in Israel Juden aus Breslau getroffen, die mir sagen konnten, was mit meinen Eltern geschehen ist. Sie erzählten mir, dass die SS meinem Vater das Angebot gemacht hatte, dass er in Breslau bleiben könne, wenn er sich von seiner Frau scheiden lassen würde. Mein Vater war ja Halbjude. Da hat mein Vater zu ihnen gesagt: ›Ich habe so viele schöne Jahre mit meiner Frau verlebt. Ich werde sie nicht allein ins Unglück gehen lassen.‹ Und so ist er mit ihr am 25. November 1941 auf den Transport nach Kovno gegangen. Und ist gemeinsam mit ihr in den Tod gegangen. Zusammen mit mehr als tausend Menschen sind sie im Wald erschossen und in einem Massengrab verscharrt worden.

Meine Schwester Ruth ist 1942 ermordet worden. Bei dem Versuch, mit ihrem Mann über die Schweizer Grenze zu fliehen, wurden sie von Schweizer Grenzern zurückgeschickt, und deutsche Soldaten haben sie erschossen. Sie war damals gerade mal 21 Jahre alt.«

Am Grab der Großeltern. »Was steht da drauf?«, fragt Rolf Becker. »Die Welt hat es gesehen, doch Himmel und Erde stellten sich blind. Zum Gedenken an meine Eltern und Schwester, die während der nazistischen Gewaltherrschaft ermordet wurden.«

Es sind anstrengende Dreharbeiten in der Kälte auf dem Fried-hof. Erstaunlicherweise merkt man der 88-Jährigen die Strapa-zen kaum an. Mittlerweile ist es weit nach Mittag und höchste Zeit für eine Ruhepause. Wir fahren ins Scheunenviertel, heute einer der angesagten Szenebezirke Berlins mit vielen kleinen Ca-fés und Restaurants. Einst war dies das Zentrum des jüdischen Lebens in Berlin. Ende des 19. Jahrhunderts ließen sich hier, in unmittelbarer Nähe der Neuen Synagoge, wo bereits viele Berli-ner Juden ansässig waren, zahlreiche Ostjuden nieder, die vor den Pogromen aus Russland und Polen geflüchtet waren. Heute entwickelt sich um die weithin sichtbare goldene Kuppel der Synagoge allmählich wieder ein Zentrum jüdischen Lebens mit Geschäften für koschere Lebensmittel, Kultureinrichtungen, Gebetshäusern und Restaurants.

Nach einer wärmenden Suppe und Kaffee und Kuchen ma-chen wir uns auf den Weg in die angrenzende Große Hamburger Straße. Diese Straße, in der über die Jahrhunderte hinweg jüdi-sche, katholische und evangelische Einrichtungen einträchtig beieinanderstanden, galt lange als Symbol für das friedliche Zu-sammenleben der verschiedenen Religionen. 1942 jedoch wurde aus der einstigen »Straße der Toleranz« eine »Straße des Todes«. Für viele Menschen, insbesondere für die Überlebenden des Ho-locaust, ist sie zu einem Synonym für den Abtransport in den Tod geworden. Denn hier richtete die Gestapo in der bereits ge-schlossenen jüdischen Knabenvolksschule und dem benachbar-ten jüdischen Altersheim das Berliner Sammellager ein, von dem aus mehr als 55 000 jüdische Bürger in die Vernichtungslager im Osten deportiert wurden. Eine Gedenktafel und die eindrucks-volle Figurengruppe des Künstlers Will Lammert erinnern heute an das Schicksal der Deportierten.

Die Figurengruppe steht vor einem unbebauten Platz, auf dem einst das jüdische Altersheim stand, das in den letzten Kriegstagen völlig zerstört wurde. Hinter dem Gebäude befand sich damals der älteste, bereits Anfang des 19. Jahrhunderts still-

»Diese Statuen sind für mich so ergreifend. Schau dir nur mal diese Gesichter an! Die bringen genau das zum Ausdruck, was wir damals empfunden haben.«

gelegte jüdische Friedhof Berlins, auf dem viele bedeutende Persönlichkeiten der Stadt begraben lagen. 1943 wurde er von SS-Männern verwüstet, die Gebeine der Toten wurden geschändet. Einige gerettete Grabsteine und eine Gedenktafel im Eingangsbereich erinnern heute an den Friedhof, der, nachdem er in den 1970er-Jahren von der Ostberliner Stadtverwaltung eingeebnet und in eine Grünanlage umgewandelt wurde, 2008 feierlich wiedereröffnet wurde. 2013 erschütterte eine Nachricht die Öffentlichkeit: Ausgerechnet hier, auf dem jüdischen Friedhof, so wurde bekannt, liege seit 1945 auch der Gestapo-Chef Heinrich Müller begraben, einer der mächtigsten Schreibtischtäter des Nationalsozialismus und maßgeblich verantwortlich für die Ermordung von Millionen europäischer Juden. Müller sei bei den

Endkämpfen um Berlin getötet und im Chaos der letzten Kriegstage hier in einem Massengrab mit vielen anderen Toten verscharrt worden.

Auf diesem schicksalsträchtigen Platz der Vergangenheit steht Esther mit Rolf und blickt um sich. Es ist der Ort, der für Tausende von Menschen die Fahrt in den Tod bedeutete. Und es ist der Ort, an dem die schrecklichste Zeit ihres eigenen Lebens ihren Anfang nahm:

»Man kann sich das heute einfach nicht vorstellen, wie das damals hier war. Und dieser Platz ist für mich so wichtig. Denn von hier aus, da wollten die uns alle umbringen. Da wussten die Nazis schon: ›Die kommen nach Auschwitz, und dann sind wir sie los.‹ So haben wir uns auch gefühlt. Das war ganz schlimm. Damals stand hier ein riesengroßer Bau, in den man uns hineingepfercht hatte. Es waren so viele Menschen auf engstem Raum. Wir konnten uns einfach nicht vorstellen, was die mit uns allen machen wollen. Wir fragten uns andauernd: ›Wo bringen die uns nur alle hin?‹ Wir waren junge Menschen, wir hatten so viele Fragen. Ich war mit meinen Freundinnen und Freunden aus dem Arbeitslager zusammen. Das hat mir sehr geholfen. Denn ich war ja ohne Familie. Und dann hieß es plötzlich, jetzt packt euren Koffer, es geht los. Dann sind wir zum Bahnhof gelaufen, von der SS flankiert, und sind dort in die Viehwaggons eingestiegen. Die uns nach Auschwitz brachten.«

Seit 1993 wird die benachbarte ehemalige Knabenvolksschule von der jüdischen Gemeinde wieder als Gymnasium genutzt, das allen Konfessionen offensteht. In dieser Schule, so erzählt Esther, war ihr Onkel Alfred Loewy als Musiklehrer tätig. Der Musiksaal ist zum Gedenken an ihn, der den Holocaust nicht überlebte, benannt. Die Schule trägt heute den Namen Moses Mendelssohn, nach dem Philosophen der Aufklärung, der auf dem Friedhof nebenan begraben liegt. Mit ihm begann im 18. Jahrhundert die Emanzipation der deutschen Juden, deren Ausgangspunkt und Zentrum Berlin war. Eine Gedenktafel erinnert an die berühmten Worte von Moses Mendelssohn, die nach den Geschehnissen an diesem Ort wichtiger denn je sind: »Nach Wahrheit forschen, Schönheit lieben, Gutes wollen, das Beste tun.«

31. Januar 2013

Gespräch mit der Jugend

Am nächsten Morgen holen Schülerinnen der Evangelischen Ge-
samtschule Berlins Esther in ihrem Hotel ab. Die Schulleiterin
Margret Rasfeld hat sie zu einem Zeitzeugengespräch eingeladen. Erklärtes Ziel dieser Schule ist es, junge Menschen zu eigen-
verantwortlichen, weltoffenen und mündigen Bürgern zu erzie-
hen und ihnen das zu vermitteln, was der Philosoph Ernst Bloch
»die Einübung in den aufrechten Gang« nannte: einzutreten für
die eigenen Werte und für die Rechte anderer. Aufzustehen und
zu widerstehen, wo und wann immer diese bedroht sind.

Eine Arbeitsgruppe von Schülern hatte sich im Vorfeld eigen-
ständig auf diese Veranstaltung vorbereitet. Die morgendliche
Schülerinnen-Delegation ist Teil dieser Arbeitsgruppe. Anfangs
etwas eingeschüchtert von Esthers resoluter Art, begleiten die
jungen Mädchen ihren Gast sehr aufmerksam und zuvorkom-
mend zur Schule, die in der gleichen Straße liegt. Hier haben sich
die Schülerinnen und Schüler aller Jahrgangsstufen gemeinsam
mit der Schulleiterin und den Lehrkräften in der Aula versammelt. Lebhaftes Stimmengewirr empfängt uns. Neugierig blicken
viele auf, als Esther Bejarano, begleitet von unseren Kameras,
die Aula betritt. Svana, eine Schülerin aus der siebten Klasse,
tritt ans Mikrofon und stellt ihren Mitschülern aufgeregt, doch
sehr souverän, die Zeitzeugin vor. »Das hast du klasse gemacht«,
flüstert Esther ihr anerkennend zu, bevor sie gemeinsam mit der
zwölfjährigen Nina das Podium betritt. Die beiden lesen ab-
wechselnd aus Esthers schmalem Büchlein »Man nannte mich
Krümel. Eine jüdische Jugend in den Zeiten der Verfolgung«,
das als Unterrichtsmaterial für die Schulen konzipiert wurde.
Die Schüler erfahren von ihrer glücklichen Kindheit und von den
Anfängen des Nationalsozialismus, von der einsetzenden Aus-

grenzung, die sie in ihrer Kindheit erleben musste, und davon, wie es sich anfühlte, die Schule verlassen zu müssen und von den Spielkameraden und Freundinnen geschnitten zu werden. Es sind Erfahrungen von Ausgrenzung und Diskriminierung, denen junge Menschen auch heute ausgesetzt sind – weil sie eine andere Hautfarbe, Herkunft oder Religion haben. Es ist mucksmäuschenstill im Raum, als Esther spricht.

Für sie ist der Austausch mit jungen Menschen sehr wichtig, denn auf die Jugend setzt sie ihre Hoffnung. Und deshalb nimmt sie die vielen Einladungen als Zeitzeugin an den Schulen gerne an. Sie hat einen guten Draht zu jungen Menschen. Und für diese ist sie ein starkes und überzeugendes Vorbild. Mit ihrer Lebensgeschichte führt sie jungen Menschen vor Augen, wie wichtig Widerstandskraft und Zivilcourage sind, vor allem dort, wo die Würde des Menschen bedroht ist. Nach der Lesung ergreifen die Schüler die Gelegenheit, um Fragen an die Zeitzeugin zu stellen.

Schüler: »Ich habe großen Respekt vor dem, was Sie erlebt haben. Glauben Sie, dass die Menschen etwas daraus gelernt haben? Kann das, was Sie erleben mussten, positive Auswirkungen für die Zukunft haben?«

Esther Bejarano: »Es gibt natürlich Menschen, die daraus etwas gelernt haben. Ich kenne sehr viele Menschen, die ebenso wie ich verhindern wollen, dass sich so etwas Furchtbares jemals wiederholt. Es gibt aber auch erschreckend viele Leute, die nichts aus der Geschichte gelernt haben. Das können wir daran sehen, dass es jetzt schon wieder so viele Nazis gibt. Wir müssen alle zusammenhalten und uns ihrer Ideologie entgegenstellen. Es liegt an uns! Mit meiner Arbeit möchte ich den Menschen zeigen, dass wir alle friedlich miteinander leben können. Ich habe vor vier Jahren angefangen, mit Rappern aufzutreten. Unsere Band besteht aus einem Türken, einem Italiener, mei-

nem Sohn und mir. Wir sind drei Generationen auf der
Bühne. Und wir sind drei Religionen auf der Bühne: ein
Moslem, ein Christ und zwei Juden. Wir verstehen uns
ganz wunderbar. Und machen Musik zusammen, um den
Menschen zu zeigen: Es geht doch! Wir können alle fried-
lich zusammen leben!«

Schüler: »Nach dem, was Sie alles erlebt haben, würde
mich interessieren: Glauben Sie, dass der Mensch von
Grund auf gut oder böse ist?«

Esther Bejarano: »Der Mensch ist ein guter Mensch, wenn
er sich vornimmt, zu anderen Menschen gut zu sein. Ich
könnte nicht sagen, dass es etwas Böses in jedem Menschen gibt. Er kann durch die Umstände böse werden,
wenn er dazu angespornt wird, wenn er mit den falschen
Menschen zusammenlebt und eine menschenverachtende
Ideologie annimmt. Aber generell glaube ich nicht, dass es
etwas Böses im Menschen gibt.«

Schülerin: »Warum sind Sie nach all dem, was Sie in diesem Land erlebt haben, wieder nach Deutschland zurückgekehrt?«

Esther Bejarano: »Ich bin gleich nach dem Krieg nach Palästina ausgewandert und habe dort 15 Jahre gelebt. Und
ich habe dort auch sehr gerne gelebt. Aber ich hatte meine
Schwierigkeiten mit der israelischen Politik. Es hat mir
immer missfallen, wie mit den Palästinensern umgegangen
wurde. Und außerdem gab es andauernd Kriege, und das
waren nicht nur Verteidigungskriege, sondern zum Teil
auch Angriffskriege. Da mein Mann überzeugter Pazifist
war, wollte er in keinen Krieg mehr ziehen. Dafür wäre er
dann aber in den Knast gewandert, weil es in Israel keine

Möglichkeit gab, den Kriegsdienst zu verweigern. Und das wollten wir natürlich nicht. Deshalb suchten wir nach einem Ausweg. Von der damaligen Regierung Deutschlands wurde viel dafür getan, Juden wieder ins Land zurückzuholen. Mit der finanziellen Hilfe, die uns in Aussicht gestellt wurde, konnten wir uns eine neue Existenz aufbauen. Und es war natürlich von Vorteil, in ein Land zu ziehen, dessen Sprache man spricht. Doch ich muss ehrlich sagen, dass es mir sehr schwergefallen ist, in das Land der Täter zurückzukehren. Und ich habe es vermieden, in eine Stadt zu ziehen, in der ich früher gelebt hatte. Ich wollte weder nach Saarbrücken noch nach Ulm zurück. Das hätte ich einfach nicht durchgestanden, weil ich immer an meine ermordete Familie und meine toten Freunde hätte denken müssen. Und so haben wir uns für Hamburg entschieden. Zwischenzeitlich lebe ich schon 52 Jahre in Hamburg und habe dort viele gute Freunde. Auch wenn ich noch einiges auszusetzen habe an Deutschland, kann ich trotzdem sagen, dass ich mich hier wohlfühle.«

Schülerin: »Was können wir Schüler gegen Rechtsradikalismus tun?«

Esther Bejarano: »Zeigt Zivilcourage. Helft einander. Schaut nicht weg, wenn Unrecht geschieht. Habt immer den Blick vorne. Seid aufgeschlossen für ausländische Schüler. Erkennt, dass wir von Menschen, die eine andere Kultur haben, viel lernen können. Und engagiert euch gegen jede Form von Ausgrenzung und Intoleranz.«

»Die jungen Menschen sind meine ganze Hoffnung. Darum gehe ich an die Schulen, darum erzähle ich meine Geschichte, damit nie mehr das passiert, was uns damals passiert ist.«

Es gibt noch viel zu tun

Wir haben über die Jahre viele Gespräche geführt, anfangs vor und hinter der Kamera, und als die Dreharbeiten für den Film abgeschlossen waren, am Telefon und bei gegenseitigen Besuchen in Berlin und Hamburg. Ich war dabei, als Esther 2012 in Berlin den Clara-Zetkin-Preis verliehen bekam und ein Jahr später den Internationalen Blue Planet Award. Bei der Erstausstrahlung unseres Films im Juni 2013 saßen wir gemeinsam vor dem Fernseher. »Ganz große Klasse«, sagte sie danach begeistert.

Seitdem sie sich vor Kurzem ein Tablet gekauft und sich mit verblüffender Schnelligkeit mit den Möglichkeiten des Internets vertraut gemacht hat, ist sie per Mail mit Menschen in der gan-

Esther Bejarano und Christa Spannbauer bei der Fernsehpremiere von
»Mut zum Leben« im Juni 2013 in Berlin

zen Welt vernetzt. Auf dem Festnetz ist sie schwer zu erreichen,
da sie die meiste Zeit unterwegs ist – auf Konzertreise ist, Fern-
sehinterviews gibt oder auf Veranstaltungen spricht. Überall, wo
sie erscheint, begeistert sie die Menschen, macht ihnen Mut.

Nein, an Aufgeben habe sie nie gedacht, sagte sie einmal in
einem Gespräch. Weder in Auschwitz, noch in Ravensbrück,
noch auf dem Todesmarsch. Und auch später nicht. Esther Bejarano ist eine Kämpfernatur. Eine, die das Leben liebt. Die in die
Abgründe des Menschseins blicken musste und doch nie den
Glauben an das Gute im Menschen verlor. Das Erfahrene hat sie
geprägt und tief erschüttert, nicht aber gebrochen. Vielmehr hat

es ihren unbedingten Willen zur Bewahrung der Menschlichkeit gestärkt. An ihrem 89. Geburtstag, den ich im Dezember 2013 mit ihr im Familien- und Freundeskreis feierte, ermahnte sie uns: »Es gibt noch viel zu tun. Machen wir uns an die Arbeit!«

ÉVA PUSZTAI
Wir trugen das Haupt aufrecht

»In uns, die wir aus Auschwitz zurückgekommen sind, ist die Lebenskraft sehr tief. Wir wissen, wie kostbar das Leben ist.«

Berlin, 23. Juni 2011

Schwungvoll und leichten Schrittes betritt sie den gefüllten Vortragssaal der »Gedenkstätte Deutscher Widerstand«, blickt lachend um sich und zieht umgehend die erwartungsvollen Blicke des Publikums auf sich. Éva Pusztai war nach Berlin gekommen, um ihr Buch »Die Seele der Dinge« vorzustellen – ein Porträt ihrer jüdischen Großfamilie im Ungarn des 20. Jahrhunderts. Lebhaft beginnt sie zu erzählen: von der Weite der Puszta, dem Geruch des Gartens an lauen Sommerabenden, den prächtigen Lipizzanern des großväterlichen Gestüts, von ihrer Begeisterung für Musik und ihrer frühen Liebe für die deutsche Literatur. »Was man als Kind gelernt hat, vergisst man nie«, sagt sie und lässt vor unserem inneren Auge unbeschwerte Kindheitstage auferstehen. Sie erzählt von der liebevollen, doch strengen Erziehung ihrer Eltern, die den Kindern eine umfassende kulturelle Bildung und einen aufrechten Charakter mit auf den Weg gaben. Sie erzählt, wie wichtig in ihrer Familie bürgerliche Werte wie Disziplin, Fleiß und Tugendhaftigkeit waren. Ein unumstößlicher Wertekanon, der ihr später in schweren Zeiten einen wichtigen Halt geben sollte. Sie erzählt von ihrem polternden, doch herzensguten Großvater, von ihrer vielseitig begabten Mutter, erzählt von den fantasievollen Gutenachtgeschichten ihres Vaters und den Streifzügen über Felder und Wiesen mit ihrer jüngeren Schwester Gilike.

Es sind Erinnerungen an eine Welt, die mit der deutschen Besetzung Ungarns am 19. März 1944 für immer untergegangen ist. Erinnerungen an geliebte Menschen, die den ungarischen Holocaust nicht überlebt haben. Mit diesem Tag endet nicht nur die glückliche Jugend von Éva Pusztai, an diesem Tag wird eine Vernichtungsmaschinerie unvorstellbaren Ausmaßes in Gang gesetzt. Hunderttausende ungarischer Juden werden innerhalb weniger Wochen in das Todeslager Auschwitz-Birkenau verschleppt. Unter ihnen die 18-jährige Éva und ihre Familie. Eine Odyssee beginnt. Woher nur nimmt ein Mensch die Kraft, das zu überstehen, frage ich mich, während Éva erzählt. Wie kann diese Frau heute solch eine Energie und Lebenskraft ausstrahlen, nach all dem, was sie gesehen und am eigenen Leib erlebt hat? Mir ist umgehend klar, dass wir Éva Pusztai für unseren Film gewinnen müssen. Nach dem Vortrag gehe ich auf sie zu und erzähle ihr von unserem Filmprojekt. Ohne zu zögern, reicht sie mir ihre Visitenkarte. »Kommt bald nach Budapest«, sagt sie lachend.

September 2011

Budapest – eine Reise in die Vergangenheit

Noch im Herbst desselben Jahres stehen wir mit unserem Kamerateam vor ihrer Wohnungstür in der Budapester Altstadt. Wir werden herzlich empfangen. Éva Pusztai führt uns in ihre stilvolle, mit kostbaren alten Möbeln eingerichtete Wohnung. Alles um uns herum erstrahlt in goldenen Gelbtönen. Fotografien von ihrer Familie hängen an den kunstvoll tapezierten Wänden. Wir fühlen uns sofort wohl in dieser behaglichen Wohnung. Wer einmal ein fünfköpfiges Kamerateam in der Wohnung hatte, weiß, dass dieses die normale Ordnung der Dinge gehörig durcheinanderbringen kann. Unsere Gastgeberin stellt sich diesen Turbulenzen jedoch mit bewundernswerter Gelassenheit. Sie hat sich den ganzen Nachmittag für unsere Fragen freigehalten. Und wir haben uns gründlich auf das Gespräch vorbereitet und natürlich auch ihr Buch »Die Seele der Dinge« gelesen. Mit diesem Buch ist Éva Pusztai nicht nur ein wichtiges Epochenporträt Ungarns zwischen den Weltkriegen gelungen, sondern zugleich auch eine berührende Hommage an ihre jüdische Großfamilie. Wir wissen daher, welch hohen Stellenwert Familie und Tradition im Leben der Autorin bis heute haben. Und wir wollen herausfinden: Welche Werte hat das Elternhaus ihr mitgegeben auf ihren Lebensweg? Wurde in ihrer Erziehung bereits die Basis dafür gelegt, die sie später darin unterstützen sollte, den Naziterror zu überstehen? Éva Pusztai beginnt zu erzählen.

»Das Wichtigste im Leben von uns allen ist das, was man in den ersten fünf bis zehn Jahren zu Hause gesehen, gehört und erlebt hat. Es ist deshalb so wichtig, weil diese ersten Jahre unser ganzes Leben prägen. Was man von seinen Eltern und seiner Familie gelernt hat, das vergisst man

Éva Pusztai in ihrer Budapester Wohnung: »Die Fähigkeit, Lebenskrisen zu meistern, hängt für mich ganz entscheidend davon ab, wie man als Kind von seinen Eltern und der ganzen Familie erzogen wurde.«

nicht. Aus diesem Erfahrungsschatz habe ich mein ganzes Leben gelebt. Das hat sich meinem Gehirn bis zum heutigen Tag eingeprägt. Und je älter ich werde, desto mehr kommen diese unvergesslichen Kinderjahre zurück. Deshalb sind diese Jahre so wichtig, weil sie eine Ausstrahlung für das ganze weitere Leben haben. Und besonders in den schweren Zeiten. Die Fähigkeit, Lebenskrisen zu meistern, hängt für mich ganz entscheidend davon ab, wie man als Kind von seinen Eltern und der ganzen Familie erzogen wurde. Ich hatte einen sehr klugen und liebevollen Vater. Er hatte ein unendliches Repertoire an Geschichten und jeden Abend vor dem Einschlafen hat er mir eine Geschichte erzählt. Meist begannen sie mit den Wor-

ten: ›Es war einmal ein kleines Mädchen, das hieß Fee …‹
Damit meinte er mich, denn mein Geburtsname ist Éva
Fahidi, und im Ungarischen werden erst Familienname
und dann der Vorname geschrieben, sodass mein Mono-
gramm FE war. ›Und wenn du schon als Fee geboren wurdest‹, so erklärte mir mein Vater, ›musst du auch dein ganzes Leben eine gute Fee sein. Und das bedeutet, niemandem Leid zuzufügen, niemanden zu betrügen oder zu be-
lügen. Du musst wissen, dass du da bist, um anderen
Menschen zu helfen. Wenn jemand schwächer ist‹, erklärte er mir, ›dann musst du ihn verteidigen. Und wenn jemand dümmer ist, dann lachst du ihn nicht aus.‹ Mit diesen Geschichten hat mein Vater schon sehr früh eine mo-
ralische Basis in mir gelegt. Das hat mir später sicherlich
dabei geholfen, in unmenschlichen Zeiten Mensch bleiben
zu können.«

Es sind liebevolle und zugleich schmerzhafte Erinnerungen, denen sich Éva Pusztai in diesem Gespräch stellt. Sie ist eine gute
Erzählerin, deren Schilderungen uns umgehend mitnehmen in
die Zeit, von der sie spricht.

»Ich wuchs in Debrecen auf, einer kleinen Stadt auf dem
Land. Dort bin ich zur Schule gegangen. Aber eigentlich
hatte ich immer das Gefühl, dass wir auf dem Gut meines
Großvaters in der Puszta leben, wo wir jedes Jahr die Som-
merferien verbrachten. Ich glaube, dass die Menschen auf
dem Land eine andere Seele haben als Stadtmenschen. Die
Zeit auf diesem Landgut meiner Großeltern mütterlicher-
seits war die wirklich wichtige Zeit für mich. Dort gab es
viele Tiere. Mein Großvater hat Lipizzaner gezüchtet. Das
sind außergewöhnliche Pferde. Zu dem Gutshof gehörte
auch ein großes Moorland, das wir Kinder auf unseren
Streifzügen erkundeten. Es war eine aufregende und für

mich bis heute unvergessliche Zeit, wenn wir Enkelkinder dort alle zusammenkamen. Damals gab es einen großen Zusammenhalt in den Familien. Mein Großvater väterlicherseits war Schneider. Und darauf waren wir immer sehr stolz, denn ein Schneider hat geschickte Hände. Von ihm lernten wir, was Fleiß ist. Fleiß ist etwas sehr Wichtiges im Leben. Ein Fahidi, so hieß es, gibt immer sein Bestes, und alles, was ein Fahidi tut, muss sehr gut getan werden. Wir wussten schon sehr früh, was wir eines Tages werden wollten. Ich hatte die geschickten Hände meines Großvaters und eine Begabung für das Klavierspiel. Deshalb wollte ich Pianistin werden. Und ich hatte auch ein Vorbild. Das war meine Cousine Borbóla, die wir liebevoll Boci nannten. Im Ungarischen heißt das Kälbchen. Sie hatte die Musikakademie schon beendet. Und ich wollte so sein wie sie. Die Jüngeren in der Familie orientierten sich an den Älteren. Deshalb wollte meine kleine Schwester Gilike so sein wie ich. So ist das in Großfamilien.

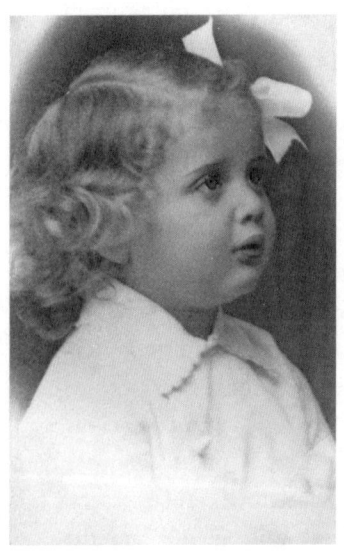

Éva im Alter von zwei Jahren

Évas jüngere Schwester Gilike

In Debrecen gab es kein Opernhaus. Das nächste war in Budapest. Deshalb hatte ich damals keine Möglichkeit, Opernaufführungen mitzuerleben. Doch ich habe alle Opernbücher von Richard Wagner vom ersten bis zum letzten Buchstaben gelesen. Und eines der ersten Dinge, die ich mir nach der Rückkehr aus dem Lager kaufte, waren dessen Opernbücher in einer Ausgabe aus den 20er-Jahren. Die deutsche Kultur war mir immer wichtig. Eine Frage, die mich bis zum heutigen Tag umtreibt, ist, wieso gerade das deutsche Kulturvolk der faschistischen Ideologie zum Opfer fiel. Es gibt Fragen, die kann man hundert Jahre lang studieren und wird doch keine Antwort darauf finden.

Ich bin meinen Eltern für die gute Ausbildung und die kulturelle Bildung, die sie mir angedeihen ließen, sehr dankbar. Mein Vater hatte Gilike und mich bereits 1935 christlich taufen lassen. Das hat uns letztlich zwar auch nicht geholfen, doch in der katholischen Klosterschule, in die wir gingen, wurde wenigstens nicht politisiert und polemisiert. Wir wurden nicht als Juden beschimpft und auch nicht ausgegrenzt, wie es in so manch anderen Schulen gang und gäbe war. Die Nonnen waren mir zwar in vieler Hinsicht fremd, doch als Lehrerinnen waren sie wunderbar. Sie haben uns in Latein, in ungarischer, deutscher und französischer Literatur unterrichtet. Vieles, was ich aus meinem Elternhaus kannte, war in der katholischen Schule jedoch nicht erlaubt. In meiner Familie hieß es beispielsweise immer: ›Frag so lange, bis du es verstehst.‹ Das war in der katholischen Schule ganz anders. Da mussten wir still sein und gehorchen.

Heute frage ich mich manchmal, ob es besser gewesen wäre, wenn unsere Eltern uns nicht so behütet aufgezogen und weniger geschont hätten. Wir Kinder lebten in einer Art Glashaus – förmlich bis zur letzten Sekunde. Unsere

Familie Fahidi bei einem Gartenfest in Debrecen 1943 (Éva, zweite von links, die sich vorbeugt)

Eltern ermöglichten uns damit eine unbeschwerte Kindheit und Jugend. Doch vielleicht hätten wir eine größere Chance gehabt, wenn sie uns schon früher gewarnt hätten, damit wir vorbereitet gewesen wären. Wer weiß, vielleicht hätten wir sie und uns retten können. Es gab damals Mädchen in meinem Alter, die haben ihre ganze Familie vor der Deportation bewahrt, indem sie aktiv wurden und falsche Papiere besorgten. Sie wussten damals bereits, worum es geht. Ich aber wusste es nicht. Optimismus ist eine wunderbare Eigenschaft. Doch es gibt auch einen gefährlichen, einen blauäugigen Optimismus. Wenn man zurückblickt, ist man ja immer klüger. Dann weiß man, was man hätte tun müssen. In der Situation selbst fehlt einem jedoch oft der Überblick. Eigentlich hätten die ungarischen Juden spätestens 1938 Europa verlassen müssen. Das aber haben nur sehr wenige getan. Mein Vater war nicht der Einzige, der die Gefahr einfach nicht sehen wollte. Er stammte aus einer armen Familie mit vielen Kindern. Großvater Fahidi hatte schwer gearbeitet, um all die hungrigen Mäuler zu stopfen. Als mein Vater 1924 meine Mutter heiratete, ist er durch ihre Mitgift zu einem wohlhabenden Mann geworden. Als Geschäftsmann hat er dann viel Ansehen und Einfluss erworben. Und er konnte dies einfach nicht aufgeben. Selbst als wir schon im Getto waren, hat er noch versucht, die Fäden in der Hand zu halten, und hat seinen Strohmännern diktiert, was sie zu tun hätten. Dabei war mit dem Einmarsch der Deutschen unser Geschäft doch sofort arisiert worden. Er hat sich einfach nicht vorstellen können, dass man ihm alles wegnimmt. Dabei hätte er sich all das, was er sich aufgebaut hatte, irgendwo anders noch einmal aufbauen können. Besitz ist nicht wichtig. Das hat mein Vater damals nicht gewusst, als er nicht weggehen wollte. Wichtig ist nur das Leben. Und wenn man das Leben verliert, gibt es kein zweites.«

Bald nach der Besetzung Ungarns durch deutsche Truppen wurde Évas Elternhaus von der deutschen Wehrmacht konfisziert und die Familie ins Getto von Debrecen zwangsumgesiedelt. Dort herrschte qualvolle Enge. Zu zehnt lebten die Familienangehörigen in einem Raum, voller Angst vor einer ungewissen Zukunft. Knapp drei Monate später, am 20. Juni 1944, begann die ungarische Gendarmerie mit der Evakuierung des Gettos. Sieben Tage später wird auch Éva mit ihrer Familie abgeholt und zusammen mit anderen Familien in einen Viehwaggon gepfercht. Eine dreitägige und qualvolle Fahrt ins Ungewisse beginnt.

»Wenn es sich um ungarische Überlebende handelt, werden sie immer über zwei Dinge sprechen. Alle! Die Fahrt nach Auschwitz, die entsetzliche Fahrt nach Auschwitz. Der ungarische Holocaust spielte sich doch im Sommer ab. Wir waren in Viehwaggons gepfercht, 80 Menschen, drei Tage lang, ohne Wasser, ohne Luft, ohne alles. Das Erste, was man erzählen wird, ist die Reise nach Auschwitz. Und das Zweite, das Erschütternde und nie im Leben zu Vergessende für alle Menschen, die Auschwitz überlebt haben, ist die Selektion. Ein jeder wird über die Selektion sprechen. Eine Mitschülerin von mir, die damals mit mir dort ankam, stand in der Reihe hinter mir. Ich treffe sie mindestens zweimal im Monat. Seitdem sind 67 Jahre vergangen, und jedes Mal, wenn wir uns treffen, sagt sie zu mir: ›Weißt du noch, wie ich hinter euch gestanden bin bei der Selektion?‹ Ich weiß nicht, wie viele hundert Male ich die Geschichte gehört habe, weil man diese Erfahrung einfach nicht vergessen kann.

Bei mir hat sich die Ankunft so abgespielt wie bei den meisten anderen auch, die in Auschwitz ankamen. Wir wurden von den Leuten vom Sonderkommando aus dem Viehwaggon getrieben. ›Hinaus, hinaus!‹, haben sie geschrien, und das war schrecklich, und es war ein riesiger Lärm, und man hat nicht einmal bemerkt, wie Frauen und Männer separiert wurden. Ich konnte nicht einmal ›Leb wohl‹ zu meinem Vater sagen, auf einmal stand ich da zwischen den Frauen, und er war weg. Alles ging so schnell, alles war furchtbar eng, und ich habe erst gar nicht gemerkt, dass wir Frauen alle in Fünferreihen geordnet wurden. Das war die erste Fünferreihe meines Lebens. Ich bin auf der einen Seite gestanden, neben mir meine um acht Jahre ältere Cousine Boci. Wir beide sahen uns sehr ähnlich. Sie hatte ihren kleinen Sohn Ferike dabei, den sie noch stillte. Er ist vor unseren Augen in diesen drei Tagen im Waggon förmlich ausgetrocknet. Noch lag er lebend im Wäschekorb, dessen Henkel meine Cousine in der einen und meine Mutter in der anderen Hand hielten. An der anderen Hand meiner Mutter stand meine kleine

Schwester Gilike und daneben die Mutter von meiner Cousine. Das war unsere Fünferreihe.

Und so sind wir vor den Mengele getreten. Es war alles perfekt organisiert. Bis man bei ihm angekommen ist, war alles ganz still. Der Mengele hat nicht gebrüllt. Angelächelt hat er uns. Wenn man viel Geld hätte und jemanden beauftragen müsste, damit er es für einen aufbewahrt, dann hätte man es ihm gegeben, so vertrauenswürdig wirkte er. Freundlich fragte er meine Cousine und mich: ›Seid ihr Zwillinge?‹ ›Nein‹, sagten wir.[4] Und damit wurde die Reihe bei mir abgetrennt, ich stand da, ich habe gar nichts bemerkt, auf einmal waren alle anderen von meiner Familie weg, und dann hieß es schon, los, los, und ich wurde getrieben und musste laufen und die anderen waren alle weg!

Die größte Tragödie meines Lebens habe ich so erlebt, dass ich nicht einmal wusste, was mit mir passiert. Innerhalb von einer Sekunde habe ich meinen Vater, meine Mutter, meine Schwester und meine nächsten Angehörigen verloren. Sie alle wurden ins Gas geschickt. In diesem Moment wussten wir nicht, Schluss, aus, das Leben ist zu Ende. Und in einer Minute ist aus dem Menschen, der man gewesen ist, ein Nichts geworden, ein Häftling, ein Etwas, ohne Namen, ohne Persönlichkeit und ohne niemanden.«

Ein Leben unter unvorstellbaren Bedingungen beginnt: Der Freiheit beraubt. Zur Nummer degradiert. Getrennt von ihrer Familie, über deren Schicksal Éva zu dieser Zeit nichts weiß. An einem Ort, wo ein Menschenleben nichts mehr gilt und die Menschenwürde mit Füßen getreten wird. Täglich der Willkür und Brutalität der SS-Aufseher ausgesetzt. Immer hungrig, durstig, nur mit Fetzen am Leib bekleidet. Wie kann ein Mensch unter solchen Lebensbedingungen seinen Lebenswillen bewahren? Was half Éva dabei, an diesem Ort des Grauens zu überleben?

»Dass wir, die wir 1944 in Auschwitz-Birkenau ankamen, so entsetzlich leiden mussten, hatte auch damit zu tun, dass sich der ungarische Holocaust innerhalb nur weniger Wochen vollzog. Auschwitz war überhaupt nicht auf die zahllosen Transporte aus Ungarn vorbereitet. Deshalb mussten wir in Baracken hausen, die noch nicht fertig gebaut waren. Nicht einmal Pritschen gab es, sodass wir auf dem nackten Boden schlafen mussten. Das Furchtbarste aber war, dass es kaum Wasser gab und nicht genug Latrinen.

Doch was ich in dieser schrecklichen Zeit erfahren durfte, war, dass es immer Menschen gibt, die einem selbst in der größten Not beistehen. Ich spreche daher immer, wenn ich über diese Zeit erzähle, in der Mehrzahl, weil wir wirklich sehr zusammengehalten haben. Wir, das waren junge Frauen in meinem Alter, einige von ihnen kannte ich noch aus meiner Heimatstadt. Wir waren füreinander da – eine für die andere. In unserer Fünferreihe, die in jedem Lager die zentrale Basis war, herrschte ein starker Zusammenhalt. Sie war wie ein Familienersatz. Anikó aus Debrecen und Lili und Klári aus Miscolc wurden wie Schwestern für mich. Und wir alle haben darauf geachtet, dass wir die Kinder unserer Eltern blieben. Die Erziehung und die Ausstrahlung der Wände, in denen man aufwächst, prägen das ganze weitere Leben. Was wir da gelernt hatten, half uns in Auschwitz. Wir haben versucht, anständig zu bleiben. Wir haben so miteinander gesprochen, wie wir es von Haus aus gewohnt waren.

Später habe ich auch aus den anderen Frauenlagern gehört, dass die Frauen überall sehr zusammengehalten haben. Wir standen füreinander ein. Eine für die andere. Das haben wir sehr ernst genommen. Wir haben uns nicht gehen lassen. Wenn eine von uns einen schlechten Tag hatte, halfen die anderen. Wir blickten nach vorne. Mit der festen Überzeugung, dass wir das überleben würden. ›Wenn wir wieder nach Hause kommen‹, sagten wir einander, ›dann studieren wir und erlernen gute Berufe.‹ Die Hoffnung auf die Zukunft hat uns Kraft gegeben. Und die Hoffnung darauf, dass unsere Familien am Leben sind und dass, wenn wir nach Hause kommen, sie uns erwarten.

Das Erste, was wir uns erworben haben, war eine Zahnbürste. Es war so eine kleine Bürste, mit der man sich damals die Schuhe putzte. Die gibt es heute nicht mehr. Damit putzten wir uns jeden Tag die Zähne. Das war wichtig, um sich die menschliche Würde zu bewahren. In Auschwitz-Birkenau haben wir nur ein gemeinsames Essensgefäß zu fünft gehabt. Da wurde der Ersten etwas Undefinierbares hineingekippt, und dann hat jede einen Schluck davon genommen und reihum weitergegeben, bis die Blechschüssel leer war. Im Arbeitslager später hatte dann jede wenigstens eine eigene Schüssel. Am liebsten hätte man jedes Mal gleich die Schüssel gepackt und bis zum letzten Schluck hinuntergestürzt und jeden Tropfen ausgeleckt. Wir waren ja immer so entsetzlich hungrig. Doch wir haben uns diszipliniert, haben die Schüssel vor uns hingestellt und die Wassersuppe mit dem Löffel gegessen. Jede Fünferreihe hat dazu ein Stück Brot bekommen, und wir haben das Brot so genau wie nur möglich aufgeteilt. Jede von uns hat davon noch ein winziges Stück auf die Seite gelegt für den Abend, wenn wir von der Arbeit in der Fabrik zurückkamen. Denn da gab es ja nichts mehr zu essen. Dabei hatten wir den ganzen Tag schwer gearbeitet und waren völlig ausgehungert.

Das Hungern hat meiner Erfahrung nach drei Phasen. In der ersten Phase kann man sich noch gut an das erinnern, was man gegessen hat. Man hat noch einen Geschmack davon, und im Magen ist noch etwas von dem, was man Tage zuvor gegessen hat. Dann kommt die Phase,

in der man zwanghaft beginnt, über das Essen zu sprechen.
Wir haben im Lager Essensrezepte ausgetauscht. ›Bei uns
hat man das Gulasch so gekocht und in den Kuchen Folgendes hineingetan.‹ Schließlich kann man nicht mehr
über das Essen reden, weil es einem körperliche Schmerzen
bereitet. Das tut richtig weh. In dieser Phase habe ich erfahren, wie wichtig, ja lebenswichtig die Kultur ist. Denn
wir haben angefangen, über Bücher zu sprechen. Wir sind
in unserer Fantasie gemeinsam ins Kino und in Konzerte
gegangen und haben uns ganze Filme und Theaterstücke
erzählt. Wir haben davon gesprochen, was wir Schönes
anziehen würden, wenn wir ins Theater gehen. Und doch
lässt einen der Gedanke ans Essen niemals los. Bis schließlich die letzte Phase eintritt, dann, wenn man schon mindestens ein Drittel seines normalen Körpergewichts verloren hat. Alles um einen herum wird plötzlich so leicht und
diskret, es ist, als ob sich die Welt zurückzieht. Man vergisst seinen Namen und wo man gewohnt hat. Man weiß
nicht mehr, ob man noch hier oder schon in der anderen
Welt ist. Das ist der Zustand massiven Hungerns.

Ich werde oft gefragt, wie ich am Leben bleiben konnte. Möglich war das nur mit Hilfe und Unterstützung anderer Menschen. Und seltsamerweise ist es mir auch nie
eingefallen, dass ich sterben könnte. Bei den Appellen in
Auschwitz mussten wir oft stundenlang in Fünferreihen
stehen. Wir, die ehemals so behüteten Kinder unserer Eltern, standen da, kahlgeschoren, in irgendwelchen Fetzen,
die man uns bei der Ankunft hingeworfen hatte. Währenddessen wurden die Leichen aus den Baracken getragen, in Decken, aus denen die Hände und Füße heraus-
baumelten. Doch nie kam uns dabei in den Sinn, dass man
eines Tages auch uns in einer Decke hinaustragen könnte.
Wirklich nie. Keinem aus unserer Fünferreihe. Um einen
solchen Lebenswillen zu bewahren, braucht man Men-

schen, die einem wichtig sind. Deshalb haben wir nur ans Leben gedacht. Und nicht ans Sterben.

Um am Leben bleiben zu können, musste man so schnell wie möglich das Vernichtungslager verlassen. Ich hatte Glück im Unglück. Nach sechs Wochen wurde ich mit tausend anderen Frauen erneut in einen Viehwaggon gepfercht und in das KZ Münchmühle, ein Außenlager von Buchenwald, verschleppt. Dort, nahe dem kleinen Ort Allendorf, lag eines der größten Rüstungswerke in Deutschland, die Dynamit AG, die Granaten herstellte. Gemeinsam mit Hunderten anderer Frauen wurde ich dort als Zwangsarbeiterin eingesetzt. Meine Arbeit bestand darin, 50 Kilo schwere Granaten gemeinsam mit Anikó vom Band zu heben und in Kisten zu verpacken. An die 800 Granaten schleppten wir an einem Tag. Die waren gefüllt mit den giftigen Materialien Trinitrotoluol und Salpeter. Wenn die zwei Komponenten in einem gewissen Verhältnis gemischt wurden, dann detonierte die Bombe. Eine ganz einfache Technologie. Doch hochgiftig. Normalerweise brauchte man dafür zumindest Schutzkleidung, Schutzhandschuhe und Schutzmasken. Das bekamen wir natürlich nicht. Ständig hatten wir den bitteren Geschmack auf unseren Lippen und auf der Haut. Ständig war uns übel davon. Die einzige Schutzmaßnahme war, dass wir am Abend heiß duschen durften. Sonst hätten wir diese tägliche Vergiftung wohl nicht überlebt.

Es war ja schon Winter, wir hatten keine anständigen Schuhe, keine Strümpfe, keine Wäsche, nur ein dünnes Leinenkleid ohne Mantel. Die Kälte war für mich immer das Schlimmste. Wenn ich heute zurückblicke, ist es mir unvorstellbar, dass wir unter diesen Bedingungen am Leben blieben. Und nicht einmal ernstlich krank wurden. Eines Morgens aber war ich tatsächlich zu erschöpft, um meine Pritsche zu verlassen. ›Nein, ich komme nicht

hinunter, ich geh nicht zum Appell hinaus in diese Kälte‹,
sagte ich. Nicht zum Appell hinausgehen kam aber einem
Selbstmord gleich. Ich kann mich heute noch lebhaft daran erinnern, wie Anikó auf mich einredete: ›Du musst
doch deine Eltern wiedersehen und deine kleine Schwester, bald kommen wir hier raus, denk an die wundervolle
Zukunft, die vor uns liegt.‹ Das hat sie so lange gemacht,
bis ich schließlich die Kraft fand, mich auf den Appell-
platz zu schleppen.«

Im Dezember 2012 verstarb die lebenslustige Anikó, ihre letzte
bis dahin noch lebende Freundin aus der Fünferreihe, die von
Éva immer liebevoll als ihre ›zweite Hälfte‹ bezeichnet wurde.
Als wir Éva kurze Zeit später bei einem Besuch in Deutschland
trafen, trauerte sie sehr um ihre Freundin, die ihr wie eine
Schwester geworden war.

Éva mit ihren Freundinnen Anikó Weisz (links) und Lili Gábor (Mitte) 1990
in Stadtallendorf

»Einmal hatte ich eine so ernste Vergiftung, dass ich ins Krankenrevier musste. Das Krankenrevier im Arbeitslager unterschied sich sehr von dem in Auschwitz-Birkenau. Letzteres überhaupt Krankenrevier zu nennen war schon reiner Zynismus. Wer dort hinkam, endete meist in der Gaskammer. Derselbe Wagen, der das Essen lieferte, sammelte die Leichen ein und brachte sie ins Krematorium. Auf der Krankenstation in Auschwitz musste unsere frühere Kinderärztin aus Debrecen arbeiten. Tante Katrin hatten wir Kinder sie genannt. Als ich an Ruhr erkrankte, bin ich zu ihr gelaufen und wollte mir von ihr helfen lassen. Da fing sie an zu schreien, dass ich es niemals wieder wagen solle hierherzukommen, ich solle sofort verschwinden, weil ich mir sonst eine Ohrfeige einhandeln würde. Ich dachte damals, sie sei verrückt geworden. Heute weiß ich, dass sie mir damit das Leben gerettet hatte.

Im Arbeitslager Münchmühle gab es keine Gaskammern. Daher wagte ich es, mich mit meiner Vergiftung ins Krankenrevier zu schleppen. Es war schon ziemlich gegen Ende des Kriegs, als Hunger und Not im Lager noch weit größer waren als zuvor. Wir beschlossen daher, die gemeinsame Abendration unter meinem Kopfkissen in der Krankenstation zu deponieren, sodass ich darauf aufpassen konnte, bis meine vier Lagerschwestern von der Arbeit zurückkamen. Auf diesem Kanten Brot habe ich dann den lieben langen Tag gelegen. Hätte ich Feinde, dies würde ich nicht einmal meinem schlimmsten Feind wünschen. Denn ich durfte ja nicht einmal meine eigene Ration essen, da wir das Brot immer gemeinsam in fünf gerechte Häufchen aufteilten. Den ganzen Tag dachte ich an dieses Stück Brot, das so zum Greifen nah war. Woher ich die Kraft nahm, ausgehungert, wie ich war, es nicht einfach zu verschlingen, ist mir bis heute ein Rätsel.«

»Was gehört einem Menschen überhaupt, was macht den Menschen aus?«, fragt Éva Pusztai die Leser auf den ersten Seiten ihres Buches »Die Seele der Dinge«. Diese Fragen stellen sich unweigerlich jedem, der ihre Lebensgeschichte hört. Was ist der Mensch? Was bleibt ihm nach all diesen Erfahrungen und nach all den Verlusten?

> »Wenn man alle Menschen und alles verliert, dann hat man nur ein einziges Ding: das Leben! Und wenn man schon ein Leben hat, dann soll man es leben! Darum sind wir, fast alle, die wir aus Auschwitz-Birkenau zurückgekommen sind, je älter wir werden, desto ausgeglichenere Menschen, bewusste Menschen, die wissen, wie teuer das Leben ist. Und wenn man ein Leben hat, soll man es sich so einrichten, dass man ein verhältnismäßig glücklicher Mensch sein kann. Ich habe vor Kurzem über einen Überlebenden gelesen, der mit seinen Enkelkindern nach Auschwitz gefahren ist und dort mit ihnen getanzt hat. Empört wurde er gefragt, ob er denn verrückt geworden sei, an solch einem Ort zu tanzen. Er hat gesagt, man solle sich doch mit ihm freuen, dass er überlebt habe.«

Mit seinem Tanz hatte der 89-jährige Adam Kohn 2010 weltweit für Furore gesorgt. Gemeinsam mit seinen Enkeln hatte der Holocaust-Überlebende zu Gloria Gaynor's Discohit »I will survive« getanzt. Und das in Auschwitz! Das Youtube-Video bewegte und begeisterte unzählige Menschen. Für andere stellte es eine unerträgliche Provokation dar. Für Adam Kohn selbst war dieser Tanz im Kreise seiner Enkel ein Freudentanz. An dem Ort zu tanzen, wo seine Mutter ermordet wurde und er selbst Entsetzliches durchleben musste, wurde für ihn zum größten Triumph seines Lebens. »Seitdem bin ich kein Opfer mehr, ich habe überlebt, ich habe gewonnen«, sagte er in einem Interview.

»Ich kann diesen Mann sehr gut verstehen. Er tanzt das Leben! Weil das Leben so einmalig und kostbar ist. In uns, die wir aus Auschwitz zurückgekommen sind, ist diese Lebenskraft sehr tief, sehr prägnant. Ich lese sehr viel. Eines meiner Lieblingsbücher ist die ›Unendliche Geschichte‹ von Michael Ende. Das Buch beginnt damit, dass der Held der Geschichte durch ein Tor geht, und dieser kleine Schritt bringt ihn in eine ganz andere Welt. Im Leben ist uns das leider nicht möglich. Dabei bin ich so neugierig darauf, was nach dem Leben kommen wird. Doch ich kann nicht mal meinen kleinen Finger durch dieses Tor stecken, um zu erfahren, was dort auf der anderen Seite auf uns wartet. Und gerade deshalb ist das Leben doch so einmalig und so kostbar.

Der Schmerz über all das, was uns weggenommen wurde an Menschenleben, der aber bleibt. Und die Toten altern nicht. Meine Mutter ist immer noch 39, mein Vater 49 und meine kleine Schwester elf Jahre alt. Ich hätte die meisten Menschen meiner Familie mittlerweile auch unter normalen Lebensumständen verloren. Aber die Art und Weise, wie sie sterben mussten, macht es so schmerzhaft. Da kann einem niemand helfen. Die Wunden bleiben offen. Wir haben gelernt, damit zu leben. Vergessen aber kann man das nicht.«

Wenn Éva über ihre kleine Schwester Gilike spricht, die sie vor fast 70 Jahren an die Gaskammer verlor, ist der Schmerz in ihren Augen groß und frisch. Noch heute träumt die 88-Jährige davon, dass Gilike plötzlich vor der Tür steht und sagt: »Wir haben uns aber lange nicht gesehen. Wollen wir ein Rad schlagen?«

51 Angehörige ihrer ungarischen Großfamilie fielen dem Holocaust zum Opfer. Éva Pusztai hätte viele gute Gründe zu hassen. Wie ist es möglich, dass wir in ihr keinen Hass und keine Bitterkeit finden?

»Imre Kertész schrieb in seinem ›Roman eines Schicksal-losen‹ von der Begegnung mit einem Journalisten, als er aus dem Lager zurückgekehrt war. Der fragte ihn: ›Wie steht es mit dem Hass?‹, woraufhin der junge Imre ant-wortete: ›Ich hasse die ganze Welt.‹ Auch ich habe die ganze Welt gehasst. Eine lange Zeit. Wenn mich in Buda-pest Deutsche meines Alters auf der Straße nach dem Weg fragten, tat ich so, als ob ich sie nicht verstehen würde. Ich wusste ja nicht, was sie zu der Zeit getan hatten. Seit Kriegsende hatte ich Deutschland nicht mehr betreten, kein Deutsch mehr gesprochen. Und dann erschien 1989 in einer Zeitung ein Artikel darüber, dass der Ort Stadtal-lendorf nach ehemaligen Zwangsarbeitern sucht. Ich habe beim Lesen einen Krampf im Magen bekommen. Himmel hilf, was wollen die von mir nach so vielen Jah-ren? Was sie wollten, das fand ich dann heraus, war, eine Begegnungswoche zu organisieren. Das Motto der Woche lautete: ›Das Geheimnis der Versöhnung heißt Erinne-rung‹. Zu dieser haben sie mich und die anderen Zwangs-arbeiter, die noch am Leben waren, eingeladen. Ich nahm all meinen Mut zusammen und machte mich auf die Reise nach Deutschland. Und durfte ein ganz anderes Deutsch-land kennenlernen. Mir wurde klar, dass mein Hass ver-altet ist und dass er nichts mehr mit den Menschen zu tun hatte, denen ich nun in Deutschland begegnete. Das wa-ren ja schon die Kinder und Kindeskinder der Tätergene-ration. Und da wurde mir bewusst, dass Hass überhaupt keinen Sinn hat. Und schon gar nicht nach all dem, was Deutschland an Aufarbeitung und Erinnerungsarbeit ge-leistet hat.«

Nach der Begegnungswoche richtete Stadtallendorf Anfang der 90er-Jahre ein Informationszentrum ein, in dem die Erinnerung an das Unrecht und an die ehemaligen Zwangsarbeiter bewahrt wird. Éva Pusztai übergab diesem Museum wichtige Dokumente und Fotos aus ihrem Leben.

»Wenn wir Geschwister uns früher gezankt haben, sagten unsere Eltern immer: ›Bis zum Abend müsst ihr euch wieder versöhnen.‹ Sie wussten, dass man mit Hass im Herzen nicht ruhig schlafen kann. Ich weiß mittlerweile, dass man mit Hass im Herzen auch nicht gut leben kann. Diese Erkenntnis möchte ich anderen Menschen weitergeben. Oft werde ich gefragt, was mir im Leben das Wichtigste sei. Früher habe ich meist gesagt, dass es das Wichtigste sei, in einer Demokratie leben zu können. Das hatte damit zu tun, dass ich dieses Glück so viele Jahre nicht hatte. Wenn man mich heute fragt, dann sage ich, dass es das Wichtigste ist, mit den Menschen in seiner Umgebung ohne Hass und Aggression zusammenzuleben.«

Fast 60 Jahre hatte Éva Pusztai über ihre Erfahrungen im Vernichtungslager geschwiegen. Doch dann gelang es ihr nicht mehr länger, die Erinnerungen zu verdrängen. In ihrem Buch »Die Seele der Dinge« schrieb sie: »Wer Auschwitz-Birkenau überlebt hat, hat zwei Leben. Ein Leben vor Auschwitz und ein Leben nach Auschwitz. In dem Leben danach ist Auschwitz-Birkenau immer gegenwärtig. Unabhängig davon, wie lange es währt, ob man es aus dem Bewusstsein verdrängt, ob man darüber sprechen oder schweigen will. Auschwitz-Birkenau ist immer da, in jedem Augenblick, tief innen, im Körper und in der Seele.«[5] 2003 kehrte sie erstmals an diesen Ort des Schreckens zurück, an dem die Asche ihrer Familie verstreut ist. Und resümierte: »Wenn man dort seine Wurzeln hat, wo Eltern, Großeltern und Verwandte begraben sind, dürfte ich Birkenau nie verlassen haben. Mein richtiger Platz wäre dort bei ihnen, bei ihrer Asche im Birkenauer Sumpf.«[6]

Éva Pusztai im Jahre 2003 in Auschwitz-Birkenau. »Das Gras der Zeit
wächst. Und es deckt das wahre Auschwitz, das wahre Birkenau zu.«

Doch Éva ist ins Leben zurückgekehrt. Als sie nach ihrer Befreiung 1945 in ihren Heimatort zurückkehrt und an der Haustür
ihres Elternhauses klingelt, öffnet ihr ein fremder Mann und
weist sie mit barschen Worten ab. »Nun wusste ich: Ich war
vollkommen allein, hatte niemanden mehr auf der Welt.« Auch
ihre Hoffnung auf eine bessere und gerechtere Welt, die der
Marxismus in Aussicht gestellt hatte, sollte sich unter der kommunistischen Regierung Ungarns schon bald zerschlagen. Zur
Zeit der großen Schauprozesse Anfang der 50er-Jahre wurde ihr
Mann verhaftet, und sie selbst durfte als sogenanntes »deklas-
siertes Element« nur Hilfsarbeiten verrichten. Éva spricht wenig
über diese Jahre. Nach dem ungarischen Aufstand 1956 erhielt
sie schließlich einen verantwortungsvollen Posten im Außenhandel und gründete mit der Wende 1989 ihre eigene kleine Außenhandelsfirma. Mittlerweile befindet sich Éva Pusztai im Ruhe-
stand. Von Ruhe kann aber keine Rede sein – denn die jüdische
Bevölkerung sieht sich unter der derzeitigen rechtspopulistischen

Regierung Ungarns erneut mit unverhohlenem Antisemitismus konfrontiert. Ethnische Minderheiten, vor allem Sinti und Roma, werden zur Zielscheibe rechtsradikaler Ausschreitungen. Dass Menschen im Europa des 21. Jahrhunderts bereits wieder um ihr Leben fürchten müssen, bringt die Auschwitz-Überlebende auf die Barrikaden. Als »Holocaust-Aktivistin«, wie sie sich selbstbewusst nennt, engagiert sie sich gegen Neonazismus, Antisemitismus und Fremdenfeindlichkeit. Mehr denn je reist sie durch die Lande, hält Lesungen und Vorträge gegen das Vergessen und spricht an Schulen, um junge Menschen über den Holocaust aufzuklären. Es ist kein leichtes Erinnern. Und doch lässt ihre ungebrochene Lebensfreude erahnen, dass der Mut zum Erinnern eine nicht versiegende Kraftquelle in sich birgt.

Auf den Spuren des ungarischen Holocaust

Am nächsten Vormittag sind wir mit Éva Pusztai für Außenaufnahmen an historischen Orten Budapests verabredet. Wir holen sie an ihrer Wohnung ab. Erstmals treffen wir ihren Lebensgefährten Andor Frankl, der Éva an diesem Tag begleitet. Der liebenswürdige und charmante alte Herr hatte vor zwei Tagen seinen 90. Geburtstag gefeiert. Und wie wir schon bald erfahren werden, ist auch er ein Überlebender des Holocaust. »Sollen wir ein Taxi rufen?«, fragen wir die beiden. »Aber nein«, erwidert Éva, »das Stückchen gehen wir doch zu Fuß!« Und so machen wir uns auf den Weg. Der 90-jährige Andor schreitet mit Thomas voran und Éva und ich in angeregter Unterhaltung hinterher. Nach einem mehr als halbstündigen Fußmarsch erreichen wir schließlich das Donauufer, wo unser Kamerateam wartet. Es ist Mittagszeit, und die Sonne prallt an diesem Septembertag unerwartet heiß auf das unbeschattete Gelände. Längere Dreharbeiten liegen vor uns. Weit und breit ist kein Laden in Sicht, wo wir Getränke besorgen könnten. »Soll ich losgehen und uns Wasser holen?«, frage ich Éva. »Aber nein«, lautet ihre Antwort,

»jetzt legen wir doch los.« Und tatsächlich legte die 87-Jährige eine Vitalität an den Tag, die uns Jüngere verblüffte und selbst unseren hartgesottenen Kameraleuten imponierte. Mit erstaunlicher Energie und großer Geduld stellte sie sich den anstrengenden Dreharbeiten.

Wir filmten am Ostufer der Donau, an dem ein eindrückliches Holocaust-Mahnmal zu finden ist, das zum Innehalten und stillen Gedenken einlädt. Auf einer Länge von etwa 60 Metern stehen Schuhe aus Metall am Fluss – Paare von Männerschuhen, Frauenschuhen, Kinderschuhen. Sie erinnern an die vielen Menschen, die während der dreimonatigen Schreckensherrschaft der Pfeilkreuzler, der ungarischen Faschisten, am Donauufer erschossen wurden. Kinder, Frauen, Greise. Einfach in den reißenden Fluss geschossen. Sichtlich bewegt erzählt Éva Pusztai über diese Massenhinrichtungen:

»Von den vielen Mahnmalen, die es für den Holocaust gibt, sind diese Schuhe hier am Donauufer für mich eines der erschütterndsten. Ich brauche gar nicht mal die Augen zu schließen, um mir die Menschen vorzustellen, wie sie hier stehen. Von den Pfeilkreuzlern aus den Gettos herausgejagt, warten sie auf ihre Erschießung. Ich kann sie vor mir sehen, wie sie als letzte Geste ihres Lebens aus ihren Schuhen heraustreten. Dann werden sie jeweils zu dritt zusammengebunden. Geschossen wird nur auf den in der Mitte, denn der zieht die beiden anderen mit sich ins eisige Wasser. Ich höre die Schüsse, ich sehe, wie sie in das Wasser fallen. Zwei Menschen habe ich gekannt, die damals dabei waren und dies überlebt haben. Sie sind aus der Donau geschwommen. Die Frau, sie ist jünger als ich, war damals noch ein Kind. Irgendwie ist es ihr gelungen, die Hände aus den Fesseln zu befreien, und so konnte sie ans Ufer schwimmen. Sie hat sich versteckt und hat überlebt. Der Mann, den ich kannte, der hat sein ganzes Leben lang nach der damals neben ihm stehenden Frau gesucht. Sie hatte zu ihm gesagt: ›Warte nicht, bis man auf dich schießt. Springe davor schon ins Wasser.‹ Ich kann sie vor mir sehen. All diese vielen Menschen, die hier auf ihren Tod warten. Ich kann förmlich ihre Seele spüren.«

»Von den vielen Mahnmalen, die es für den Holocaust gibt, sind diese Schuhe hier am Donauufer für mich eines der erschütterndsten.«

Das Holocaust-Mahnmal am Donauufer ist seit seiner Entstehung Zielscheibe antisemitischer Schändungen. Um die Opfer noch nach ihrem Tode zu verhöhnen, steckten Unbekannte eines Nachts Schweinefüße in die Schuhe. Die rechtspopulistische Regierung Ungarns duldet dieses Tun nicht nur stillschweigend, sondern fördert es durch ihren latenten Antisemitismus.

Wir fahren weiter zur Synagoge in der Innenstadt, die größte Synagoge Europas. Das prachtvolle, im maurischen Stil erbaute Gotteshaus zeugt vom neu erwachten Selbstbewusstsein der jüdischen Bevölkerung im 19. Jahrhundert und weist auf das Wachstum der jüdischen Gemeinde in dieser Zeit hin. Von den 800 000 Juden, die zu Beginn des Zweiten Weltkriegs in Ungarn lebten, wohnten allein 200 000 in der Hauptstadt Budapest. Im November 1944, nach der Besetzung Ungarns durch deutsche Truppen, wurde die Synagoge zum Zentrum des Budapester Gettos, das mit Zäunen und Mauern hermetisch von den angrenzenden Stadtteilen abgetrennt wurde. Hier wurden die jüdischen Bürger Budapests auf engstem Raum eingeschlossen. Epidemien und Hunger grassierten, denen viele von ihnen zum Opfer fielen. Mehr als die Hälfte der Gettobewohner wurden von hier aus in die Vernichtungslager transportiert. Im Innenhof der Synagoge steht heute ein mächtiger Baum aus Stahl, der »Baum des Lebens«, der an diese Zeit erinnert. Auf seinen Blättern sind die Namen der Opfer des Holocaust eingraviert. Hier hält Éva Pusztai ein engagiertes Plädoyer für einen verantwortungsvollen Umgang ihres Heimatlandes mit der eigenen Geschichte.

»Der ungarische Holocaust war der letzte und der schnellste. Er begann mit dem Einmarsch der Deutschen am 19. März 1944. Im Juli desselben Jahres war er bereits vorbei. Eichmann kam mit seinem Sonderkommando. Alle Juden vom Land wurden in dieser unvorstellbar kurzen Zeit deportiert. Geblieben sind nur die Juden im Budapester Getto und in den geschützten Judenhäusern. Wie aber war es möglich in diesem kleinen Land, mit der damaligen Logistik, in etwa 60 Tagen eine unfassbare Menge von über 430 000 Menschen in Gettos zu sperren, zum Transportplatz zu bringen, in die Waggons hineinzuschieben und nach Auschwitz-Birkenau zu deportieren, wo mehr als 300 000 von ihnen sofort ins Gas geschickt wurden? Wäre das möglich gewesen, wenn nicht fast die gesamte ungarische Gesellschaft, die Polizei und die Staatsbahnen dabei geholfen hätten? Ich möchte an dieser Stelle nicht versäumen, an die Ungarn zu erinnern, die ihren jüdischen Mitbürgern geholfen haben, sie versteckt haben, falsche Papiere besorgt haben. Und dadurch ihr eigenes Leben und das ihrer Familien riskiert haben. Das waren aber nur wenige. Die Mehrzahl der Bevölkerung war weit davon entfernt, den Juden zu helfen.

Ich habe lange geglaubt, dass auch einmal in Ungarn eine Auseinandersetzung mit der eigenen Vergangenheit beginnen wird. Als ich in den 90er-Jahren erstmals nach Deutschland zurückkehrte und sah, dass dieses ein ganz anderes Land geworden war, hoffte ich darauf, dass auch in Ungarn einmal die Auseinandersetzung mit der Geschichte beginnen würde. Sehr lange habe ich gewartet, und nichts ist passiert. Dass man sich heute noch seitens des Ministeriums an einem öffentlichen Erinnerungstag hinstellen und erklären kann, dass der ungarische Holocaust erzwungen war, ist empörend. Einmal muss doch der Moment kommen, in dem Wahrheit eingestanden wird. So lange möchte ich leben!«

Trotz all der schmerzhaften Erinnerungen, denen sich Éva Pusztai vor der Kamera stellt, wird an diesem Tag auch viel zusammen gelacht. Éva hat einen umwerfenden Humor und ein herzerwärmendes, ansteckendes Lachen. In ihrer Person sind Freude, Schmerz, Witz und Trauer auf das Innigste miteinander verwo-

Christa Spannbauer, Andor Frankl, Éva Pusztai und Thomas Gonschior
bei einer Drehpause am Budapester Donauufer

ben. Schlagfertig spielen Andor und sie sich während des Essens
in einem jüdischen Restaurant nahe der Synagoge die Bälle zu.
Gutes Essen, das erkannten wir schon bald, ist den beiden sehr
wichtig. »Das nächste Mal, wenn ihr in Ungarn seid, lade ich
euch zu meinem köstlichen Ratatouille ein«, verspricht sie. Am
Ende des langen Drehtags macht sie sich am Arm von Andor
beschwingt auf den Weg. »Sollen wir euch nicht ein Taxi rufen?«,
hatten wir erneut gefragt. »Aber nein«, lacht sie, »wir müssen
uns doch auch etwas bewegen.«

Januar 2012

Lebendige Erinnerung – ein Besuch in Erfurt

Auf Einladung des »Erinnerungsorts Topf & Söhne – Die Ofenbauer von Auschwitz« kam Éva Pusztai im Januar 2012 gemeinsam mit ihrem Lebensgefährten Andor zu Vorträgen nach Erfurt. Die rege Bildungsarbeit der Gedenkstätte, von der häufig
Zeitzeugen eingeladen werden, wird von ihr engagiert unter-
stützt. Nicht weit entfernt von Erfurt liegt das ehemalige Konzentrationslager Buchenwald, in dessen Außenlager Münchmühle Éva bis zur Befreiung im April 1945 inhaftiert war. Seit
einigen Jahren kommt sie regelmäßig auch zu den Gedenkveran-
staltungen nach Buchenwald.

Von der ehemaligen Firma »Topf & Söhne«, einem alteinge-
sessenen Erfurter Familienunternehmen, wurden nicht nur die
Krematorien für Buchenwald, sondern auch die Verbrennungs-
öfen und die Lüftungstechnik für die Gaskammern in Auschwitz
hergestellt. Die Firmenleitung arbeitete hierfür eng und koopera-
tiv mit der SS zusammen. »Immer gern für Sie beschäftigt« un-
terschrieben sie dienstbeflissen ihre Briefe an die Lagerleitung in
Auschwitz. Dieser Spruch prangt heute zur Mahnung in kapita-
len Lettern auf dem ehemaligen Firmengebäude. 2011 wurde
hier der historische Lernort »Topf & Söhne« geschaffen, der
nicht nur die Mittäterschaft der privaten Wirtschaft am Massenmord in den Vernichtungslagern aufzeigt, sondern auch die un-
bequeme Frage nach der Verantwortung des Einzelnen im beruf-
lichen Alltag stellt. Die Geschichte der Firma zeigt in bedrücken-
der Weise die nahezu selbstverständliche und bereitwillige Mittäterschaft ganz normaler Menschen am Massenmord der jüdischen Bevölkerung auf.

In ihrem Vortrag vor Schülerinnen und Schülern im Erfurter
Rathaus macht Éva Pusztai deutlich, dass es gerade die soge-

Éva Pusztai (hier mit Sophie Eckenstaler) bei einem Vortrag vor Schülern im Erfurter Rathaus

nannten »Schreibtischtäter« sind, deren Taten sie mit besonderem Grauen erfüllt.

»Die Sammlung ›Topf & Söhne‹ ist für mich die entsetzlichste aller Gedenkstätten. Denn nicht die Täter sind die schrecklichsten, die schießen, peitschen und schlagen, sondern es sind die, die am Schreibtisch sitzen und in aller Seelenruhe an den Plänen für die Vernichtung von Hunderttausenden von Menschen arbeiten. Bei ›Topf & Söhne‹ wurden die Pläne vom ersten bis zum letzten Krematorium entworfen und gezeichnet und die unbedeutendste Stenotypistin wusste darüber genauso Bescheid wie die Ingenieure und Firmenleiter. Sie alle wussten, dass in diesen Krematorien Tag für Tag vergaste Menschen verbrannt werden.«

Éva Pusztai (mit Andor Frankl) bei einem Gespräch mit Erfurter Schülern am »Erinnerungsort Topf & Söhne – Die Ofenbauer von Auschwitz«

Heute ist es Éva Pusztai ein besonderes Anliegen, mit jungen Menschen ins Gespräch zu kommen. Sie will ihnen vermitteln, wie wichtig es ist, die Verantwortung für das eigene Handeln zu übernehmen und Zivilcourage einzuüben, damit niemals wieder geschieht, was an Orten wie diesem geschehen ist. Wie es ihr gelingt, junge Menschen zu erreichen und aufzurütteln, schildert sie uns in einem Gespräch vor der Kamera.

»Ich gehe oft an die Schulen, um mit den Kindern und Jugendlichen über meine Erfahrungen zu sprechen. Ich weiß, dass sie einfach keine Vorstellung davon haben, was Krieg und Konzentrationslager bedeuten. Gott sei Dank wissen sie das nicht! Damit sie aber wenigstens eine Ahnung davon bekommen, reiche ich ihnen ein leeres Blatt und sage, sie sollen alles darauf schreiben, was zu ihnen gehört und was ihnen etwas bedeutet: den Vater, die Mutter, Geschwister, ihre Schildkröte, das Handy, die Katze, Schuhe, Computer und alles, was ihnen einfällt. Wenn ich dann sehe, dass sie alles aufgeschrieben haben, sage ich zu ihnen: ›Und nun stellt euch vor, dass euch jemand dieses Blatt wegnimmt und zerreißt. Und plötzlich habt ihr nichts mehr von all dem, was ihr davor noch hattet.‹ Denn so ist es uns damals ergangen. Von einem Moment auf den nächsten hatten wir nichts und niemanden mehr. In der heutigen Zeit kann sich einfach kein normaler Mensch vorstellen, dass in einer einzigen Sekunde und mit einer winzigen Gebärde ein ganzes Leben zerstört werden kann. Mit dieser kleinen Übung bekommen die Kinder ein Gefühl dafür, was uns damals geschehen ist. Und dann sage ich zu ihnen: ›Stell dir vor, plötzlich stehst du da ganz allein, splitternackt, kahlgeschoren. Wer bist du dann?‹«

Mai 2012

Die zwei Leben der Éva Pusztai

Von Éva hatten wir die Nachricht erhalten, dass ihr das Bundesverdienstkreuz in der Deutschen Botschaft in Budapest über-
reicht werden würde. Mit dem Nachtzug machte ich mich auf
den Weg in die ungarische Hauptstadt, wo ich am Morgen von
unserem dortigen Kamerateam Gyuri Boros und Gabor Putyora
erwartet wurde. Voller Vorfreude hatte uns Éva erzählt, dass neben Andor und guten Freunden auch ihre Tochter und ihre beiden Enkel bei diesem Ereignis dabei sein würden. So bauten wir
unsere Kamera vor der Botschaft auf, um ihre Ankunft im Kreis
der Familie filmen zu können. Sie erschien strahlend am Arm
ihrer Tochter, gefolgt von Andor und ihren Enkeln, und sah in
ihrem stilvollen grünen Kleid einfach großartig aus. Würdevoll
und aufrecht lauschte sie der Rede des deutschen Botschafters,
der ihr feierlich das Verdienstkreuz des Verdienstordens der
Bundesrepublik Deutschland überreichte. »Mit dieser hohen
Auszeichnung würdigt Bundespräsident Joachim Gauck im Namen des deutschen Volkes Ihre langjährige Arbeit in der Erinne-
rungskultur und Ihr Bestreben um die Versöhnung von Juden
und Christen, Ungarn und Deutschen nach der Shoah.« Nach
der Überreichung des Verdienstkreuzes und der Urkunde trat
Éva ans Rednerpult und hielt ihre Rede zweisprachig:

> »Exzellenz, liebe Gäste,
> so einen schönen Tag hat man selten im Leben. Vielleicht
> auch nur ein einziges Mal. Und wenn man, so wie ich, ein
> langes Leben hinter sich hat und wenn man schon fast
> alles, was einem im Leben passieren kann, überlebt hat,
> weiß man schon, was im Leben wichtig ist. Das Wichtigs-
> te war für mich immer das Bestreben, ein guter Mensch zu

sein. Schon als kleines Kind wollte ich den Menschen helfen. Doch Auschwitz-Birkenau kann man nicht unbestraft überleben. Und es dauerte eine sehr lange Zeit, bis ich erkannte, dass ich mit dem Hass, den ich so lange auf der Haut getragen hatte, nicht leben kann. Der erste Schritt hin zu dieser Erkenntnis war für mich die Einladung von Stadtallendorf, dem Ort, an dem ich nach Auschwitz Zwangsarbeit leisten musste. Bis dahin war ich mir sicher gewesen, dass ich nie wieder ein deutsches Wort sprechen würde. Bei meinem Besuch dort traf ich nach 45 Jahren auf ein ganz neues Deutschland. Und doch sollte es noch weitere lange Jahre dauern, bis ich so weit war, überhaupt über meine Shoah zu sprechen. In all dieser Zeit habe ich

Éva Pusztai mit Andor Frankl vor der Deutschen Botschaft in Budapest

Bei der Rede zur Verleihung des Bundesverdienstkreuzes in der Deutschen Botschaft versucht, nie an Auschwitz-Birkenau zu denken. Darüber sind 59 Jahre vergangen.

Ich verfolge im Internet sehr genau, welche Propaganda gemacht wird, um die Shoah zu verleugnen. Bald sind es 70 Jahre, dass der Krieg zu Ende ging. Die Gedenkstätten sind alt, manche auch veraltet. Und die Frage ist: Was bleibt, wenn unsere Generation gegangen ist? Noch leben wir. Uns kann man nicht sagen, dass die Shoah nie gewesen wäre. Doch was passiert, wenn wir nicht mehr da sind? Es ist daher mein Bestreben, etwas zu hinterlassen und der Jugend etwas zu übergeben. Und vor allem den jungen Menschen zu sagen, dass sie für ihr eigenes Schicksal verantwortlich sind. Das wissen sie oft nicht. Darum

gehe ich in die Schulen, nicht nur in Deutschland, sondern auch in Ungarn. Um ihnen bewusst zu machen, sie sollen lernen, um alles, was wichtig ist, genau zu erfahren. Denn wenn man unwissend ist, dann können einem andere alles Mögliche einreden. Letztlich möchte ich sie einfach davon überzeugen, gute Menschen zu werden.

Ich hatte das Glück, bereits in meiner Jugend die deutschen Klassiker zu lesen, und ich rühme mich gerne damit, dass ich sogar den zweiten Band des ›Faust‹ schon mit 17 Jahren gelesen habe. Der letzte Satz aus dem ›Faust‹ hat mich mein ganzes Leben begleitet. ›Und das ewig Weibliche zieht mich hinan.‹ Wissen Sie, ich habe mich immer sehr glücklich gefühlt, eine Frau zu sein. Ich bin auch eine überzeugte Feministin. Und ich bin mir sicher, dass die Welt ein besserer Ort wäre, wenn die Frauenstimmen lauter wären und besser auf sie gehört würde.«

Nach dem Festakt und anschließenden Sektempfang machen wir einen kleinen Spaziergang vor der Botschaft. Wir möchten von Éva wissen, wie es sich anfühlt, diese Auszeichnung von dem Land erhalten zu haben, das einst so großes Unglück über sie und ihre Familie brachte.

»Natürlich ist das einer meiner schönsten Tage im Leben. Und das sage ich nicht nur so pathetisch, sondern ich fühle es auch so. Die Dinge haben immer mindestens zwei Seiten. Ich bin immer noch dieselbe Person, die im Juli vor 68 Jahren nach Auschwitz-Birkenau deportiert wurde. Und ich bin zugleich die Person, die heute hier steht und diese wunderbare Auszeichnung bekommen hat. Das muss man genießen. Übrigens ist dieser Tag auch deshalb so schön, weil ich darin so etwas wie eine Anerkennung spüre, dass das Wenige, das ich tun kann und konnte und auch noch weiter tun werde, dass dieses Wenige nicht umsonst gewesen ist. Es ist für mich eine Bestätigung, dass ich dies richtig gemacht habe. Außerdem fühle ich darin auch eine Aufforderung, solange ich noch kann, über das zu reden, was geschehen ist. Mit dem Ziel, dass, wenn auch nur ein einziger Satz von dem, was ich erzähle, jemandem im Gedächtnis bleibt, die Welt dadurch ein klein wenig besser wird.«

Februar 2013

Die letzte gemeinsame Reise

Für den Februar hatten wir Éva Pusztai gemeinsam mit Andor Frankl zu Dreharbeiten nach Würzburg eingeladen. Anlässlich der Wiederaufführung der Kinderoper »Brundibár«, die ab 1942 im Konzentrationslager Theresienstadt aufgeführt worden war, waren Esther Bejarano aus Hamburg und Greta Klingsberg aus Jerusalem angereist. Bis zuletzt hatten wir gehofft, dass auch Yehuda Bacon kommen könnte. Wir hatten eine Begegnung aller vier Protagonisten unseres Films angedacht. Als Filmfinale. Doch dies ließ der Krankenhausaufenthalt von Yehuda Bacons Frau nicht zu. Lange schon hatte sich Éva darauf gefreut, Esther kennenzulernen, die sie bislang nur aus dem Fernsehen kannte. Bei

Erste Begegnung von Éva Pusztai und Andor Frankl mit Ester Bejarano in Würzburg

Andor und Éva beim festlichen Empfang im Würzburger Rathaus

der Begrüßung fielen sich die beiden wie alte Freundinnen in die Arme. Lebhaft wurden an diesem ersten Abend beim gemeinsamen Essen Lebensgeschichten und Erinnerungen ausgetauscht.

Éva hatte bereits am Telefon anklingen lassen, dass Andors Kraft nachgelassen habe. Vieles war für ihn beschwerlicher geworden als noch bei unseren früheren Treffen. Trotzdem hielt er sich in diesen Tagen tapfer an ihrer Seite. Denn es war ein straffes Programm: Ein feierlicher Empfang mit Ehrung im Würzburger Rathaus stand an, der Besuch der Ausstellung von Yehuda

Bacons Gemälden im Dommuseum, außerdem eine Stadtbesichtigung. Und schließlich das Highlight – die bewegende Wiederaufführung der Kinderoper Brundibár, die das Finale für unseren Film bildete.

»Wir begraben Andor am 15. September. Denke an uns um 12 Uhr Mittag. Deine Éva.« Andor, die späte Liebe ihres Lebens, starb ein halbes Jahr nach dieser gemeinsamen Reise. Andor, der liebenswürdige und kulturell hochgebildete Kavalier der alten Schule, der Éva in den letzten Jahren treu zur Seite stand, wurde 92 Jahre alt. Ganz Gentleman, hatte er sich immer geweigert, Platz zu nehmen, solange Éva stand. Ganz egal, wie erschöpft er war. »Solange Éva steht, stehe ich auch«, sagte er entschieden, als ich ihm einmal einen Stuhl zum Ausruhen anbot. Er war stolz auf seine geliebte Éva, begleitete sie auf all ihren Vortragsreisen und nahm es geduldig in Kauf, dass immer sie im Rampenlicht stand. Obwohl auch er eine Geschichte zu erzählen gehabt hätte, denn er war selbst Überlebender einer der grauenvollen Todesmärsche, auf denen ungarische Juden bis in österreichische Konzentrationslager verschleppt wurden.

Der Verlust ist groß. Die Trauer tief. »Wenn ich auf Reisen bin, ist es erträglicher«, sagt Éva am Telefon. Und so reist sie nun alleine zu Vorträgen und Lesungen. Denn sie weiß: Es gibt noch viel zu tun und die Zeit ist knapp bemessen. Ihre Botschaft muss jetzt noch die nächsten Generationen erreichen. Viele Menschen hat sie in ihrem Leben bereits verloren. Gefasst und würdevoll stellt sie sich diesem wohl letzten großen Verlust ihres Lebens. »Für uns Überlebende ist der Tod etwas Alltägliches, fast schon Familiäres. Wir haben ihn zu oft schon getroffen. Uns sind weder Illusionen noch Sentimentalitäten geblieben. Doch geblieben ist uns die Aufrichtigkeit der Trauer in der Seele«, schrieb sie mir auf meine Frage, wie es ihr denn gehe.

Wie gerne wäre ich zum Begräbnis nach Budapest geflogen, um Abschied von Andor zu nehmen. Doch bereits seit Wochen war für diesen Tag eine Filmvorführung in Hamburg angekündigt, mit Esther Bejarano und mir auf dem Podium. Gemeinsam legten wir im Kinosaal eine Schweigeminute zum Gedenken an Andor ein. Dann sehe ich ihn auf der Leinwand. Er küsst Éva auf die Wange. Die beiden lachen glücklich in die Kamera. Andor, du fehlst uns!

Ihrem Buch »Die Seele der Dinge« stellte Éva Pusztai die Worte des ungarischen Schriftstellers Sándor Márai voran: »Ich habe das Höchste und Großartigste erlebt, das menschliche Schicksal. Etwas anderes und besseres hätte mir gar nicht widerfahren können.«[7]

YEHUDA BACON
Mensch, wo bist du?

»Wenn ich hasse, dann hat Hitler gewonnen, dann hat er mich auch infiziert.«

Castell, September 2011

»Wer in der Hölle war, weiß, dass es zum Guten keine Alternative gibt.« So beschrieb Yehuda Bacon einmal seine Lebensmaxime. Er hat in jungen Jahren die dunkelsten Seiten der Unmenschlichkeit durchlitten, aber gerade darum entschied er sich in seinem Leben bewusst für Dialog, Völkerverständigung und Versöhnung. Besonders wichtig ist ihm dabei die Begegnung mit Jugendlichen, und er gehörte zu den ersten Überlebenden der Shoah, die bewusst wieder deutschen Boden betraten. Anfang der 1960er-Jahre besuchte er die Bundesrepublik Deutschland mit einer Ausnahmegenehmigung der damaligen israelischen Außenministerin Golda Meir, denn erst 1965 nahmen die Bundesrepublik und Israel diplomatische Beziehungen auf. Für sein jahrzehntelanges Engagement für Versöhnung und Dialog zwischen Deutschen und Israelis, Christen und Juden wurde er 2013 mit dem Verdienstkreuz am Bande der Bundesrepublik Deutschland ausgezeichnet.

Schon seit ihren Anfängen ist Yehuda Bacon ein offener Dialogpartner der »Aktion Sühnezeichen Friedensdienste«, die 1958 auf der Synode der Evangelischen Kirche in Deutschland initiiert wurde: »In der Überzeugung, dass der erste Schritt zur Versöhnung von der Seite der Täter und ihrer Nachkommen zu gehen sei, baten die Sühnezeichen-Gründer die Völker, die von uns Gewalt erlitten haben, dass sie uns erlauben, mit unseren Händen und mit unseren Mitteln in ihrem Land etwas Gutes zu tun – zeichenhaft, als Bitte um Vergebung und Frieden«,[8] formulierte die Aktion ihr Anliegen.

»Zu mir kamen viele jüngere Menschen, um mich zu fragen, ob ich ihnen verzeihen könne«, erinnert sich Yehuda Bacon. »Selbstverständlich dachte ich dabei auch immer an all die Menschen, die umgekommen waren, an meine Eltern und meine Schwester vor allem. Ich fragte mich: ›Was würden sie dazu sagen?‹ Aber letzten Endes konnte nur ich selbst eine Antwort auf die Frage geben: ›Was sage ich, wenn jemand um Vergebung bittet?‹ Jeder musste seine Antwort geben. Ich sagte mir, dass ich damit vielleicht etwas beitragen kann, für ein besseres Verständnis der Menschen untereinander.«

Menschen, die ihm begegnen, sind immer wieder tief beeindruckt von Yehuda Bacons Menschenliebe und Lebensweisheit.

»Ich komme vom Judentum, von der Bibel. Dort gibt es einen schönen Mythos, die Frage von Gott an Adam: ›Mensch, wo bist du?‹ Für mich ist das eine ewige Frage, die sich an jeden Menschen richtet. Grundsätzlich sind zwei Antworten möglich. Die eine lautet: ›Da bin ich, ich nehme die Verantwortung auf mich.‹ Die andere Antwort ist wieder eine Frage: ›Bin ich der Hüter meines Bruders, was geht's mich an?‹ Diese Frage ›Mensch, wo bist du?‹ ist immer an uns gerichtet, in jeder Lebenssituation. Die Frage ist immer präsent, nur wir sind nicht immer da und haben oft keine Zeit. Unser Lebensweg ist letztlich die Antwort auf diese Frage.«

Als Künstler ist Yehuda Bacon heute mit seinen Werken in zahlreichen Museen zu finden, in Israel, Europa, Südafrika und den USA. Eine bedeutende Auswahl seiner Kunst besitzen die Nationalgalerie in Prag und die Stiftung Kunstsammlung der Diözese Würzburg. »Ein Fortschreiten hin zum Leben« überschreibt der Autor Mathias Korn einen Aufsatz über das künstlerische Schaffen Yehuda Bacons: »Einen Schwerpunkt in der Kunst Jehuda Bacons bildet der eigenwillige, tänzerische, zum Teil verträumte Zeichenstil. Die Tusche ist das Malmittel, Pinsel und Feder sind

»Da sind die elektrischen Drähte von Auschwitz und da ist Musik, die Musik meines Lebens«, sagt Yehuda Bacon über diese Zeichnung. In der Regel gibt er seinen Werken weder Titel noch Datierung.

die Werkzeuge. Die Hand fungiert als Seismograf für Seelenempfindungen, die in der Linie auf das Papier gebracht werden. Der Betrachter ist aufgefordert, in die Welt von ineinander verwobenen Erinnerungen und Fantasien mit stilisierten Figuren einzutauchen. Gegensätze, gar Widersprüche sind verbildlicht: Irdisches und Himmlisches, Gebundenheit und Befreit-Sein, Niedersinken und Aufstehen, Lagerzaun und Tanz.«[9]

Yehuda Bacon wurde 1929 in Mährisch Ostrau (heute Ostrava in Tschechien) geboren. Zusammen mit seinen beiden älteren Schwestern wuchs er in einer jüdischen Familie auf. In der Schule wurde hauptsächlich tschechisch gesprochen. Zu Hause deutsch. »Das ganze Leben ist eine Brücke, und das Wichtigste ist, sich nicht zu fürchten«, hatte ihm sein Großvater in den glücklichen Kindertagen mit auf den Weg gegeben. Der Großvater vor allem prägte die chassidische Glaubenswelt seiner Familie. Er lebte ganz im Geist jener volkstümlichen, mystisch-religiösen Erneuerungsbewegung der Juden, die um die Mitte des 18. Jahrhunderts in Osteuropa entstand. Nach der Lehre des Chassidismus durchdringt Gott die gesamte Schöpfung. Lebensbejahung und Lebensfreude zeichnen seine Anhänger aus.

»Den Geist und die Traditionen des Chassidismus habe ich durch ihn noch mitbekommen. Ich erinnere mich vor allem an die außergewöhnliche Güte meines Großvaters. Manches kam mir allerdings auch seltsam vor: Wir Kinder bekamen einmal kleine Gipsfiguren von Beethoven und anderen Komponisten. Wir spielten damals alle Klavier. Bevor die Figuren in eine Vitrine gestellt wurden, nahm mein Großvater einen kleinen Hammer und beschädigte die Nasen. Das sollte uns an die Unvollkommenheit alles Irdischen erinnern.«

Familie Bacon 1933: Vater Isidor, Hanne, Yehuda, Rella und Mutter Ethel

Yehudas behütete Kindheit ging jäh zu Ende: »Ich weiß noch genau das Datum: Am 14. März 1939 marschierten die Deutschen in Ostrau ein. Dann folgten die schweren Zeiten.«

Hitler hatte Böhmen und Mähren zum deutschen Protektorat proklamiert. Sofort wurde das Leben der jüdischen Bevölkerung eingeschränkt. Yehudas Vater, der eine Lederfabrik betrieb, verlor sein Unternehmen. Die Kinder durften nicht mehr zur Schule gehen. Schließlich machte man eine Stadt nach der anderen »judenfrei«. Yehudas älterer Schwester gelang es noch, nach Palästina auszuwandern, bevor die Familie deportiert wurde.

»Es gab schlimme Gerüchte, was den Juden alles angetan würde. Manche begingen Selbstmord aus dieser Angst heraus. Was uns dann aber tatsächlich bevorstand, war für niemanden vorstellbar. Die Spannung vor dem Transport war unheimlich. Meine Eltern versuchten uns Kinder zu beruhigen und Hoffnung zu machen: ›Es wird schon nicht so schlimm. Wir werden es schon aushalten‹, sagten sie.«

Im Israel Museum in Jerusalem ist eine Kinderzeichnung Yehuda Bacons ausgestellt, in der die Augenblicke vor dem Transport festgehalten sind:

»Man sieht ein Kind. Auf dem Tisch stehen ein kleiner Blumentopf und eine Kaffeetasse. Daneben sind schon die 50 Kilo Gepäck bereitgestellt. Das war alles, was wir mitnehmen durften, bevor wir die Wohnung verlassen mussten. So erlebte ich diesen Moment. Wir saßen das letzte Mal am Tisch. Drei Jahre lang konnte ich dann nicht mehr in einem Sessel sitzen und nicht mehr an einem Tisch essen.« Der Transport von Ostrau nach Theresienstadt dauerte zwei Tage. »Die Züge fuhren nicht bis in das Getto. Wir mussten das letzte Stück marschieren. Als wir aus dem Zug stiegen, stand auf dem Nebengleis schon ein anderer Zug zur Abfahrt bereit: Viehwaggons mit kleinen Fenstern, die mit Stacheldraht vergittert waren. Verängstigte Menschen schauten heraus. Es war einer der ersten Transporte, die in den Osten fuhren, aber wir wussten damals noch nicht, was das bedeutete.«

Wir hatten schon vieles über Yehuda Bacon und seine Geschichte gelesen, als wir ihn im Herbst 2011 in Castell bei Würzburg das erste Mal trafen. Im Rathaus von Castell wurde zur Finissage einer kleinen Ausstellung seiner Werke geladen, und Yehuda Bacon suchte den Dialog mit dem Publikum.

Der 83-Jährige wirkte sehr sanft und beinahe schüchtern. Was aber sogleich auffiel, war seine lebhafte Präsenz. Seine Mundwinkel umspielte stets ein Lächeln, und seine wasserblauen Augen waren hellwach und voller Leben. Immer wieder streute er einen Witz in die Konversation – jene Art von jüdischem Witz, die gleichzeitig zum Lachen und zum Weinen ist und selbstironisch unsere menschliche Unvollkommenheit auf die Schippe nimmt. Über seine Kunst sagte er im Gespräch:

»Das mit den Bildern sehe ich so wie mit Kindern: Sobald sie da sind, sind sie nicht mehr mein Eigentum. Ich konnte sie zur Welt bringen und ihnen so gut wie möglich helfen zu wachsen. Beim Malen gelingt das manchmal mehr, manchmal weniger. Ich versuche es jeden Tag von Neuem. Gerade das empfinde ich als Gnade, dass man jeden Tag von Neuem aufstehen und sich sagen kann: Gestern war es schrecklich. Da habe ich nicht wirklich etwas geschaffen, vielleicht gelingt es heute. Für mich gilt das nicht nur für das Malen, sondern für jede Lebenssituation. Es geht darum, ein Mensch zu sein, und das ist schon enorm. Manchmal sagt man mir: ›Yehuda, du bist ein guter Lehrer.‹ Aber ich finde, das ist keine Kunst, sich zwei Stunden oder vier Stunden am Tag gut zu benehmen – doch 24 Stunden am Tag, wer kann das schon? Wir sind keine Engel. Vielleicht gelingt es mir heute, dass ich mich meiner Frau und meiner Familie gegenüber etwas anständiger verhalte.«

Yehuda blickt dabei spitzbübisch auf seine Frau Leah und seine beiden erwachsenen Söhne, die ihn auf dieser Reise nach Deutschland begleiten.

Als wir Yehuda Bacon 2011 in Castell trafen, war dies für ihn die letzte Station einer privaten Reise. Gemeinsam mit seiner Familie besuchte er die Orte, die sein Leben prägten: Ostrau, Theresienstadt, Auschwitz.

»Wo war Gott in jener Zeit?« Diese Frage, so erzählt Yehuda Bacon, war sein ständiger Begleiter während dieser Reise.

Ecce Homo
»Darum geht es mir:
wirklich ein Mensch
zu sein.«

»In der chassidischen Tradition glaubt man, dass der Mensch in einem ständigen Dialog mit Gott ist. Um zu verdeutlichen, was ich meine, hilft vielleicht eine Geschichte des israelischen Literaturnobelpreisträgers Samuel Agnon, die mir sehr am Herzen liegt: Es ist kalt, und ein Mann sieht von Weitem einen stadtbekannten blinden Bettler. Jetzt kämpft er mit sich – soll er hingehen und dem Bettler eine Münze geben? Diesen inneren Kampf des Mannes beschreibt Agnon in seinem Buch. Auch hier geht es um die Frage: Mensch, wo bist du? In Agnons Geschichte geht dieser innerlich mit sich ringende Mann am Bettler vorbei, und der schaut ihn mit seinen blinden Augen an. In diesem Paradox, den blinden Augen des Bettlers, erkennt der Mann den Ruf Gottes an ihn, der seine Antwort, seine Entscheidung verlangt. Wie antworten wir? Jeder Mensch steht vor dieser Frage, in jedem Moment des Lebens: ›Wo bist du? Was tust du?‹ Letzten Endes geht es um Liebe, dieses Wort, das so oft missverstanden wird. Aber wir alle machen die Erfahrung, dass wir Liebe empfangen und geben können, zu jeder Zeit. Wenn wir gläubig sind, können wir sagen, es ist Gott, der sich im anderen zeigt. Aber man kann diesen Gedanken auch anders formulieren und weitergeben, jeder auf seine Weise.«

Unter den Zuhörern, die sich während der kleinen Ausstellung im Rathaus von Castell um Yehuda Bacon versammelt haben, fragt jemand: »Wenn Sie malen, wollen Sie also mit den Menschen in Dialog treten?«

»Wenn ich male, möchte ich nichts«, antwortet Yehuda Bacon. »Wenn ich wirklich male, ist es ein Gebet. Es ist dann wie ein Moment, auf den man sich sein ganzes Leben vorbereitet, um von ganzem Herzen ein Wort an Gott zu richten. Das ist nicht leicht. Nicht immer gelingt es. Ich versuche es immer von Neuem. Wie soll ich es sagen – ich versuche, meine Hand darzubieten, und etwas geht durch sie hindurch. Das bin dann nicht mehr ich, der hier malt. Ich bin nur das Medium. In meiner Theorie ist der Mensch ein Gefäß, vergleichbar einem Baum. Ein Künstler geht so tief wie möglich in die Wurzeln, und wenn er sehr tief geht, dann spürt er das Gemeinsame mit allen anderen. Er erkennt: Er selbst ist nur wie der Stamm eines Baumes. Er gibt weiter, was er in seinen Wurzeln gesammelt hat. An der Krone über ihm, an den Blüten und Früchten, an dem, was er schafft, hat er nur teil. Das ist nicht von ihm allein. Aber er muss sein Bestes dafür geben. ›Nie durch mich, nie ohne mich‹, formulierte es Martin Buber in prägnanter Weise. Jeder Mensch hat seine Wurzeln und einen Stamm. Jeder trägt Früchte. Durch den Baum ist die Frucht entstanden, aber nicht durch ihn allein. Der Künstler hat etwas bekommen und gibt es weiter. Wenn er versucht, es bei sich zu behalten, dann verstockt er, dann ist er nicht mehr im Fließen. Dann kommt er nicht mehr weiter, auch menschlich. Wenn wir jung sind und lernen, dürfen wir alles nehmen, aber wenn wir es nur für uns behalten, dann verdirbt es und gibt keine guten Früchte. Wer schöpferisch wirkt, bekommt immer wieder Neues. Er ist wie das Glied einer Kette. Ein Glied dieser Menschheit. Wir sind die Verbindung zwischen gestern und morgen. Das ist für mich die Gnade des Menschseins, dass wir dies können und dass wir uns dessen bewusst sind: Wir können schöpferisch sein. Wir haben diese Wurzeln, aus denen wir alles ziehen, wir verarbeiten es und geben es weiter. Was dann mit der Frucht geschieht, geht uns eigentlich nichts mehr an. Da muss ich wieder Buber zitieren, der so schön sagte: ›Wir säen, und die Ernte ist von Gott.‹«

Würzburg, September 2011

Begegnung mit der Jugend

Nach unserem ersten Treffen in Castell begleiten wir Yehuda Bacon bei seiner Begegnung mit Würzburger Schülern. Die Jugendlichen sind sehr interessiert und gut auf die Begegnung mit einem Überlebenden der Shoah vorbereitet.

»Wie haben Sie das Getto in Theresienstadt erlebt?«, wird Yehuda Bacon von einer der Schülerinnen gefragt.

»Der Anfang war ein Schock. Ihr müsst wissen, Theresienstadt war ursprünglich eine Kaserne. Wir kamen in einen riesigen Hof. Er war voller Menschen – Hunderte, vielleicht Tausende. Darunter viele alte Leute, die wie Bettler aussahen. Einige kamen auf uns Neuankömmlinge zu und baten um etwas Essen. Das klingt mir bis heute in den Ohren. Ich konnte das nicht verstehen. Warum betteln sie? Es waren sehr schöne, angenehme Gesichter unter diesen Menschen, die uns da entgegentraten, aber sie wirkten abgemagert und heruntergekommen. Dann mussten wir uns mit diesen Menschen einen vollgestopften Raum unter dem Dach teilen. Überall war Staub. Am Mittag standen wir dann in einer Reihe an und bekamen so etwas wie Suppe. Wieder kamen einige ältere Menschen auf uns zu und baten uns Kinder um ein paar Löffel Suppe. Ich begriff das nicht. Wie kann man um so eine wässrige Suppe betteln? Wir waren eben erst angekommen und noch nicht so ausgehungert, darum gaben wir ihnen etwas. Langsam, langsam gewöhnte ich mich an die Blicke, an die fremden Menschen. Viele stammten aus Deutschland. Wir kamen ins Gespräch: Die deutschen Beamten hatten ihnen versprochen, wenn sie Geld bezahlten, kämen sie in ein wunder-

Yehuda Bacon erklärt Schülern anhand seiner Zeichenmappe sein Kunstverständnis.

schönes Getto, und wenn sie noch mehr Geld bezahlten, hätten sie sogar Aussicht auf den See. Natürlich gab es keinen See in Theresienstadt. Die Menschen wurden in überfüllte Räume gepfercht und sie bekamen so wenig zu essen, dass sie langsam verhungerten.

Theresienstadt war ein besonderes Konzentrationslager. Viele jüdische Künstler und andere bekannte Persönlichkeiten wurden hierher deportiert. Es war nicht gut und schön, aber im Vergleich zu den fürchterlichen Zuständen der Gettos von Warschau oder Litzmannstadt war es fast noch ein Paradies. Theresienstadt diente als ›Muster-Getto‹ für Propagandazwecke. Einmal kam tatsächlich ein Komitee des Internationalen Roten Kreuzes zur Inspektion. Dafür wurde eine Art Potemkinsches Dorf errichtet. Alles musste schön und sauber aussehen. Viele Alte und Kranke wurden vorab deportiert, damit es nicht mehr so voll war. Die Täuschung gelang. Das Rote Kreuz gewann anscheinend den Eindruck, dass alles gut sei.«

Für den jungen Yehuda bedeutete Theresienstadt nicht nur Angst und Schrecken, sondern auch Abenteuer:

»In jenem Alter, mit 13, 14 Jahren, ist jede neue Lebenssituation interessant. Ein Erwachsener dachte wahrscheinlich an sein bisheriges Leben, das für immer verloren war. Wir Kinder waren in den Konzentrationslagern ganz präsent. Wir nahmen es so, wie es war. Ich kam aus der Provinz. Plötzlich war ich in einer anderen Welt. Natürlich erlebte ich auch sehr viele traurige und schreckliche Szenen. Aber ich war zugleich auch überwältigt von all den neuen Bildern und Ereignissen. Vielleicht zeigte sich damals schon der potenzielle Künstler in mir. Ich sah alles als Material für etwas. Bald nach unserer Ankunft im Getto wurde ich von meinen Eltern getrennt. Ich kam mit anderen Kindern in ein Kinderheim, in den Block L 417. Es war eine ehemalige Schule. In den einstigen Klassenräumen standen nun dreistöckige Betten. Ungefähr 35 Kinder teilten sich einen Raum. In Theresienstadt gab es nie genug Nahrung für alle. Der Judenrat, der im Getto mit den

SS-Offizieren kommunizierte, musste entscheiden, wie sie verteilt werden sollte. Man sagte sich: Die Zukunft sind die Kinder. So bekamen wir eine etwas bessere Versorgung. Aber nicht alle Kinder im Lager hatten so viel Glück, und die bessere Verpflegung musste von anderen genommen werden, das waren vor allem die Älteren, von denen viele hungerten und starben.«

Mit großem Engagement versuchte die jüdische Lagerleitung in Theresienstadt, auch die seelische Gesundheit der Kinder im Konzentrationslager zu bewahren.

»Unsere Betreuer in den Lagern leisteten großartige Arbeit. Sie waren sehr engagiert. Ich erinnere mich zum Beispiel an Fredy Hirsch, der uns sehr streng zu Sauberkeit und körperlicher Tüchtigkeit anhielt, was uns später half,

»Das sind Elemente aus meinen Erinnerungen, Andeutungen im Stil einer modernen Zeichnung. Jeder, der in Theresienstadt war, kann sofort dieses Tor identifizieren. Und hier ein Kamin von Auschwitz.«

die extremen Situationen zu überleben, die noch auf uns
warteten. Im Geheimen erhielten wir Kinder auch Unterricht. Die neuen Reichsgesetze untersagten Judenkindern
den Schulbesuch. Das galt auch für Theresienstadt. Deshalb musste zu Unterrichtszeiten immer jemand vor dem
Tor stehen und aufpassen, ob SS-Männer im Anmarsch
waren. Wenn ja, gab es ein Zeichen, und wir waren genau
instruiert, was wir zu tun und zu sagen hatten. Denn
manchmal wurden wir Kinder separiert und von der SS
einzeln ausgefragt. Unter unseren heimlichen Lehrern
waren große Persönlichkeiten. Ich erinnere mich, dass ein
Assistent Albert Einsteins uns Physik lehrte, und Bruno
Zwicker, der Repräsentant der Brünner Soziologischen
Schule, brachte uns etwas Latein bei. Von ihm lernte ich
den Satz: ›Dum spiro spero‹ – ›Solange ich atme, hoffe
ich‹.«

Im Getto von Theresienstadt erhielt der junge Yehuda Bacon
auch seinen ersten Zeichenunterricht:

»Die jüdische Lagerleitung versuchte uns Kinder irgendwie zu beschäftigen und veranstaltete einen Malwettbe-
werb. Ich reichte ein paar Zeichnungen ein, die ich von
unserer Umgebung gemacht hatte, und die fanden ein
Echo. So kam ich in Kontakt zu sehr bekannten Theresi-
enstädter Malern. Sie gaben mir so etwas wie Privatun-
terricht. Ich erhielt Bleistifte und Papier, was damals fast
nicht zu bekommen war, und brachte meine Zeichnungen
zu diesen berühmten Menschen. Ich lernte sehr viel von
ihnen. Karl Fleischmann war einer meiner Zeichenlehrer.
Er war eigentlich Arzt und so etwas wie der Gesundheits-
minister von Theresienstadt, aber er war insgesamt ein
großer Intellektueller und auch Dichter und Zeichner.
Der holländische Maler Jo Spier war ein weiterer Künst-

ler, der sich gelegentlich meiner annahm. Von ihm sind heute viele bekannte Zeichnungen über Theresienstadt erhalten.«

Trotz dieser scheinbaren Annehmlichkeiten war das Leben der Kinder in Theresienstadt von permanenter Angst überschattet:

»Plötzlich gab es einen Transport nach Osten, und unser Heim oder unser Zimmer leerte sich um die Hälfte. Das war jedes Mal so ein fürchterliches Erlebnis. Man hatte Freunde unter denen, die gehen mussten, und fühlte sich mit ihnen verbunden. Schrecklich war es auch deshalb, weil keine Nachricht mehr von ihnen kam. Sie verschwanden einfach.«

Transport in den Osten

Im Dezember 1943 gehören Yehuda Bacon, seine Eltern und seine Schwester zu den Menschen im Transport nach Auschwitz-Birkenau.

»Wir wurden in einen der Viehwagons hineingetrieben, mit ungefähr 80 anderen Menschen. Man konnte nicht liegen. Man konnte kaum stehen, so vollgestopft war es. Es gab einen Eimer Wasser, etwas Brot. Dann die Versiegelung. Die Fahrt dauerte drei Tage. Es war eisig kalt. Ständig das Geschrei von Kindern, das Stöhnen von kranken und sterbenden alten Menschen. Es gab keine Hygiene. Es war einfach unbeschreiblich. Dann plötzlich hielt der Zug. Scheinwerferlicht. Ich schaute aus dem winzigen vergitterten Fensterchen und sah uniformierte Männer. Jeder hatte einen Stock in der Hand. Ich dachte, das müsse ein Lazarett für Soldaten sein. Das war so eine Assoziation, denn in Mährisch Ostrau mussten wir einmal alle Spazierstöcke für verletzte Soldaten abgeben. Aber gleich beim Aussteigen spürte ich, wozu diese Stöcke waren. Es waren keine Spazierstöcke, sondern Schlagstöcke.«

An der berüchtigten Rampe von Auschwitz wird die Familie mit den anderen Ankömmlingen in Reihen angeordnet wie Hunderttausende Menschen aus den Transporten vor ihnen und nach ihnen. Und doch war etwas anders:

»Wir waren eine große Ausnahme. Wir kamen ohne Selektion in das sogenannte ›tschechische Familienlager‹. Der Name ist eigentlich nicht richtig, denn unter den Menschen waren auch Juden aus Deutschland und Holland. Aber der Transport kam aus Tschechien, aus Theresienstadt. Auf unserem Karteiblatt stand der Vermerk: ›6 Monate SB‹. Was das bedeuten sollte, haben wir erst später erfahren. ›SB‹ stand für ›Sonderbehandlung‹. Das war in Auschwitz das Deckwort für Vergasung. ›6 Monate SB‹ bedeutete: Vergasung nach sechs Monaten. Wir durften noch sechs Monate leben. Danach wartete auch auf uns die Gaskammer. Der Transport, der vor uns von Theresienstadt nach Auschwitz in das Familienlager kam, wurde nach genau sechs Monaten vernichtet. Wir sahen es. Wir wussten also um unser Schicksal. Bis dahin lebten wir im Lager mit unseren Familien, etwa 2 500 Menschen: Babys, alte Menschen, Mütter, Väter, Kinder. Wir wurden auch ein wenig besser versorgt. In Auschwitz wirkte das fast wie eine Fata Morgana. Alte Menschen und Kinder gab es hier sonst nicht. Wieso sollten wir noch sechs Monate leben? Ganz sicher weiß man es nicht. Aber vermutlich erwartete man – wie zuvor in Theresienstadt – auch in Auschwitz eine Inspektion durch das Internationale Rote Kreuz. Wir waren vermutlich diese ausgewählte Gruppe, die das Rote Kreuz täuschen sollte. Wir sollten für das

Schauspiel zuständig sein und zeigen, dass selbst in Auschwitz noch alte Leute und Kinder lebten und nicht ermordet wurden. Wir waren für einige Zeit eine winzig kleine Ausnahme unter den Tausenden von Menschen, die hier vernichtet wurden. Die erwartete Rot-Kreuz-Kommission kam übrigens nie. Vermutlich gelang der Bluff in Theresienstadt bereits so überzeugend, dass keine weiteren Inspektionen mehr auf den Weg geschickt wurden.«

Mit bürokratischer Akribie wurde das Familienlager nach genau sechs Monaten aufgelöst.

»Warum ich überlebt habe, weiß ich bis heute nicht genau. Wahrscheinlich hat es mit der großen Politik zu tun. Eine Vermutung ist, dass im Sommer 1944, als sich bereits abzeichnete, dass Deutschland den Krieg nicht mehr gewinnen konnte, Himmler mit Friedensverhandlungen mit den USA liebäugelte. Vielleicht sollten wir jüdischen Kinder Geiseln für diese Verhandlungen sein. Eine andere Möglichkeit: Die Kriegsindustrie in Deutschland litt zu dieser Zeit unter großem Arbeitskräftemangel. Vielleicht sollten wir zu Arbeiten in den Fabriken angelernt werden. Keiner weiß es genau.«

Bevor das Familienlager aufgelöst und die Menschen ermordet wurden, gab es zwei Selektionen. Bei der ersten wählte die SS Männer und Frauen für den Arbeitsdienst aus. Darunter waren Yehudas Mutter und seine Schwester Hana. Bei der zweiten Selektion sortierte die SS genau 89 Jungen zwischen 12 und 16 Jahren aus.

»Im letzten Moment vor dem Weg in die Gaskammer gab es diese Selektion. Uns wurde noch einmal die Hoffnung geschenkt weiterzuleben. Ich werde den Moment nie ver-

gessen: Mein Vater war damals 52 Jahre alt, für Ausch-
witz-Maßstäbe schon viel zu alt. Er und ich wussten genau, was mit ihm passieren würde. Ich blickte ihm in die
Augen und sagte: ›Du weißt, ich bin ein gescheites Kind,

»Ich habe jahrelang zum Todestag meines Vaters ein Bild zu seiner
Erinnerung gezeichnet.« Das Bild hängt heute in der Holocaust-Gedenkstätte Yad Vashem.

ich werde es überleben. Wir sehen uns in Palästina.‹ Es war sehr schwer. Dann wurden wir Kinder auch schon weitergetrieben. In dieser Nacht vom 10. auf den 11. Juli 1944 wurde mein Vater vergast. Ich kannte genau den Moment.«

Yehuda Bacon und die anderen, später sogenannten »Birkenau Boys« durften weiterleben. Durch ihre Arbeit erhielten sie Einblicke in das Lagerleben von Auschwitz-Birkenau wie kaum ein anderer:

»Unser Arbeitskommando hieß ›Rollwagen‹. 20 Kinder mussten zusammen einen Wagen schleppen, wie sonst die Pferde. Wir transportierten verschiedenste Sachen von einem Lagerabschnitt in einen anderen. Auschwitz-Birkenau umfasste ein riesiges Areal. Wir kamen überallhin. Manchmal transportierten wir Holzbalken für die Öfen in den Krematorien, ein andermal Baumaterial für neue Baracken. Oder wenn ein neuer Transport ankam, holten wir die aussortierten Sachen von der Rampe, je nachdem, was die Menschen mitgebracht hatten. Manchmal fuhren wir auch Brot – ganz verschieden. Wir kamen selbst ins Frauenlager, wo sonst kein Mann hindurfte. Dabei erlebte ich eine ganz unwahrscheinliche Überraschung: Ich erkannte eine Tante von mir mit ihren beiden Töchtern, 16 und 17 Jahre alt. Sie waren vor Kurzem mit einem Transport aus Berlin angekommen. Ich überlegte, wie ich ihnen helfen könnte. Wir Kinder hatten schon gute Kontakte zu anderen Kommandos, so nannte man die verschiedenen Arbeitseinheiten. ›Kanada‹ zum Beispiel. Das war eines der besten Kommandos im Lager. Hier sortierte man die Sachen aus den Koffern der Ermordeten. Wenn die Menschen aus Gettos kamen, hatten sie nichts mehr. Es gab aber auch Transporte direkt aus Berlin oder Paris, dann kamen die Menschen mit vollen Koffern. Bei den Ungarn fand man gelegentlich noch eine Salami. Davon sickerte immer auch ein wenig zu uns durch. Wenn man in Auschwitz jemandem eine Wurst oder ein Sandwich bringen konnte, war das schon etwas Außergewöhnliches. Ich konnte meiner Tante und meinen Cousinen aber noch mehr helfen. Ich organisierte einen Lippenstift aus den Magazinen von ›Kanada‹. Ich dachte mir, wenn sie besser aussehen, haben sie bei der nächsten Selektion eine größere Chance, für ein Arbeitslager ausgewählt zu werden und aus Auschwitz herauszukommen. Tatsächlich gelang es. Alle drei wurden gerettet.«

Yehuda Bacon verbrachte mehr als ein Jahr in Auschwitz-Birkenau und wurde in dieser Zeit mit der ganzen Grausamkeit des Vernichtungslagers konfrontiert:

»Ich sah fast täglich Tausende Menschen verschwinden, im Gas, und nach einer halben Stunde war da nur noch Asche. Im Winter war es eine unserer Arbeiten, diese Asche auf die vereisten Wege zu streuen.

Wir Kinder wurden in einem etwas abgesonderten Block von Auschwitz-Birkenau untergebracht, und man ließ uns sogar die Haare. Das war für alle im Lager ein Zeichen, dass wir sehr spezielle Häftlinge waren. Denn Haare durften in Auschwitz sonst nur Reichsdeutsche haben oder manche Blockälteste. In den zwei Baracken neben uns waren die Häftlinge des sogenannten Sonderkommandos untergebracht. Sie mussten die schweren Arbeiten in den Gaskammern und Krematorien verrichten. Dann gab es noch eine weitere Baracke in unserem Block. Das war das berüchtigte Strafkommando. Hierhin kamen Häftlinge, die, aus welchen Gründen auch immer, besondere Strafen erwarteten, zum Beispiel 25 oder 50 Stock-

hiebe oder Peitschenschläge. Sie hatten vielleicht irgendwelche Befehle nicht richtig ausgeführt oder gar versucht
zu fliehen. Auch die Galgen waren hier. Wir haben alles
gesehen.«

Der 14-Jährige fertigte heimlich detaillierte Skizzen vom Leben und
Sterben in Auschwitz an. Sie stimmten so exakt mit den erhaltenen
Plänen der SS überein, dass sie 1961 beim Prozess gegen Adolf Eichmann,
einen der Hauptorganisatoren des Holocaust, in Jerusalem als Beweis-
mittel zugelassen wurden.

Yehuda gab sich selbst das Versprechen, von seinen Erlebnissen zu berichten, falls er das Lager überleben sollte:

»Ich wollte alles genau wissen. Vor allem wollte ich wissen, was an diesen Orten passierte, von denen man normalerweise nicht zurückkam. Es war uns Kindern verboten, mit den Leuten vom Sonderkommando zu sprechen oder auch nur Kontakt aufzunehmen. Wir taten es trotzdem. Wenn man erwischt wurde, gab es nur eine Strafe: Man musste dann in diesem Kommando bleiben und mitarbeiten. Das war wie ein Todesurteil. Doch die Versuchung für uns Kinder war zu groß. Wir wollten wissen: Was geht da vor sich in den Gaskammern, in den Krematorien? Wie töten sie die Menschen? Allmählich haben wir alles herausbekommen, bis ins Detail. An einem strengen Frosttag sagte der Kapo des Sonderkommandos zu uns: ›Kinder, ihr habt eure Arbeit gemacht. Wenn ihr wollt, könnt ihr zu uns herunterkommen und euch etwas aufwärmen. Es ist niemand da! Einige trauten sich nicht. Ich ging mit. Wir konnten in die Gaskammer gehen. Sie war leer in dem Moment. Niemand war da, außer unseren Freunden vom Sonderkommando. Ich fragte viel. ›Warum willst du das alles wissen?‹, fragte einer der Männer. ›Damit ich es erzählen kann, wenn ich hier herauskomme‹, antwortete ich. ›Hier kommt niemand mehr heraus‹, meinte der Kapo. ›Woher willst du das wissen? Vielleicht bin ich eines Tages frei und werde über dich erzählen‹, sagte ich. Sie erklärten uns alles: Wie der Lift fährt, mit den Leichen, von unten nach oben. Wozu die Rutschbahn war, auf der Krüppel und alte Menschen hinuntergelassen wurden. Ich sah auch, dass die Duschköpfe in der Gaskammer keine richtigen Löcher hatten. Sie waren nur eingeklopft, sahen nur so aus. Die Männer erzählten uns auch, was sie den Todgeweihten sagen mussten, die meist keine Ahnung von ihrem Schicksal hatten. Ich erfuhr, wo das Gift Zyklon B hineingegeben wurde, und ich sah die Berge von Haaren und die Kisten mit den Goldzähnen in der Nähe der Brennöfen.«

Yehuda Bacon erlebte auch Momente in Auschwitz-Birkenau, die auf Außenstehende fast absurd wirken:

»Entgegen allen Gesetzen des Großdeutschen Reiches bekamen wir jüdischen Kinder in Auschwitz sogar so etwas wie offiziellen Unterricht zu bestimmten Stunden am Tag. Dabei mussten wir zum Beispiel den Kanon ›Dona nobis pacem‹ (Gib uns Frieden) und andere Lieder einstudieren, und die SS-Aufseher kamen und hörten uns zu. Eine andere Sache, die beinahe unglaubwürdig klingt, wenn ich es heute erzähle, aber es war so: Einmal brachten SS-Leute Pingpongtische zu uns und sie spielten mit uns Kindern im Lager Tischtennis.

Generell aber lebten wir Kinder in Auschwitz wie gejagte Tiere. Jede unbedachte Bewegung, jeder unvorsichtige Schritt konnte schicksalhaft sein, über Leben und Tod entscheiden. Wenn wir zum Beispiel versuchten, etwas aus der Lagerküche zu stehlen, konnte jede falsche Bewegung das Todesurteil bedeuten. Man musste immer sehr wach sein. Sehr aufmerksam. Wenn ich heute jemanden schief ansehe, wird mir nichts passieren. Damals konnte es den Tod bedeuten. Man musste immer genau aufpassen, was man sagte, wie man sich benahm. Alle unsere Überlebensinstinkte waren bis aufs Äußerste sensibilisiert. Trotzdem, und auch das klingt vielleicht merkwürdig, blieben wir Kinder sehr menschlich. Es gab unter uns einen moralischen Kodex, was man darf und was nicht. Man konnte von den Deutschen stehlen – ›organisieren‹ nannten wir das –, aber man durfte keinem Gefangenen sein Brot wegnehmen. Ich kann mich noch gut erinnern, als einmal jemand aus unserer Gruppe einer Frau ein Stück Brot gestohlen hatte, haben wir zwei Tage nicht mit ihm gesprochen. Das war unter den Umständen in Auschwitz eine fürchterliche Strafe. Die meisten von uns kannten sich schon aus Theresienstadt. Wir waren Freunde. Wir wussten instinktiv, dass wir zusammenhalten mussten. Uns war klar: Wenn wir uns nicht gegenseitig unterstützen, können wir nicht überleben.

In den Wannseeprotokollen kann man heute nachlesen, dass es tatsächlich ein erklärtes Ziel der Nazis war, die Menschen seelisch kaputtzumachen, bevor man sie physisch vernichtete. Männer und Frauen wurden getrennt, denn alleine ist man viel schneller dem Verfall und der Vernichtung preisgegeben. In manchen Menschen kommt auch das Böse viel leichter zum Vorschein: Wer am brutalsten zuschlug, wurde oft Kapo. Das stimmte aber nicht für alle. Nicht jeder, der diese Binde trug, war ein grausamer Mensch. Zwischen ihnen verborgen gab es auch Heilige. Das habe ich erlebt. Vor den SS-Männern brüllten sie, doch heimlich retteten sie Menschen. Das Schlimme in Auschwitz war, dass fast alle alleine waren. Man hatte niemanden mehr. Auf niemanden konnte man sich verlassen. Wer teilte in Auschwitz sein Brot mit jemand anderem? Das war das Stück Leben, an dem man hing. Unter uns Kindern war es anders. In den Baracken der Frauen vielleicht auch.«

Wie konnte man trotz allem Mensch bleiben in Auschwitz?

»Man musste irgendwie versuchen, ein menschliches Herz zu bewahren, noch eine menschliche Verbindung zu haben, um diese Zeit auch als Mensch zu überstehen – und das war nicht leicht. Wie zeigte sich die Menschlichkeit bei uns Kindern? Ein Beispiel fällt mir ein: In einem Transport kamen einmal Kinder aus dem Getto Litzmannstadt. Sie waren in einem fürchterlichen Zustand. Wir waren schon ein Jahr in Auschwitz. Plötzlich, ohne dass uns jemand etwas sagte, sammelten wir unter uns Suppe für diese Kinder. Wir reichten ihnen eine Schüssel hinüber, durch die Hochspannungsdrähte hindurch, die unsere Lagerabschnitte trennten. Das war lebensgefährlich. Eine kleine Berührung mit dem Blechnapf und es wäre vorbei gewesen. Woher kam in uns dieser Impuls, dieses Mitleid mit den anderen? – Ich hatte als Schüler einmal vom Mythos des göttlichen Funkens in uns allen gehört. Wir hatten einen Lehrer, der aus Prag stammte. Wir Schüler liebten ihn sehr. Als er auf einen der Transporte kam, sagte er zum Abschied zu uns: ›Vergesst nicht, in allen Menschen ist so ein Funke.‹ Auf mich machte das einen großen Eindruck. Ich konnte nicht wirklich verstehen, was er damit meinte. Aber ich ahnte, dass es etwas mit dem zu tun hat, was selbst in unmenschlichen Zeiten an Menschlichem in uns bleibt. In jedem ist etwas davon, und das macht eigentlich unsere Existenz aus. Selbst in den schlimmsten SS-Leuten leuchtete gelegentlich dieser Funke auf. Ich erlebte es: Einmal sah mich eine SS-Frau, die als sehr grausam galt. Wir hatten im Frauenlager zu tun, und sie rief mich zu sich. Mir schlotterten die Knie. Was wird sie mir antun? Sie sagte: ›Geh in die Stube!‹ Ich hatte riesige Angst. Aber da stand ein Topf mit Nudeln, und sie sagte nur: ›Iss!‹ Was das bedeutet – ein Topf gezuckerter Nudeln in Auschwitz! Als ich gegessen hatte, sagte sie: ›Hau ab!‹ Woher kam dieser menschliche Funke in ihr? Er kann in jedem Menschen aufflackern. Ich habe es erlebt. Wann und wie, weiß man nicht.

Doch auch das Böse zeigte sich und nicht nur bei der SS, nicht nur bei den Deutschen. Es konnte passieren, dass

»Ich habe mich viele Jahre mit der Frage gequält: Woher kommt das Böse?«

ein Mensch, jemand, der nichts war, ein Läufer, wie man das damals nannte, plötzlich absolute Macht über tausend Menschen in einem Block bekam. Er war dann ihr Herr über Leben und Tod. Wenn er sadistisch war, konnte er die Wassersuppe, die einzige Kost am Tag, in den Dreck gießen. Niemand wagte einen Mucks zu tun. Ich sah so einen Fall. Es war kein SS-Mann, sondern ein Häftling. Dieser Junge schlug so fest zu, dass er sich irgendwann seine eigene Hand gebrochen hatte. Ich sah, dass Macht wie besoffen machen kann.

Ich erlebte, dass jeder Mensch gut und böse sein kann. Es ist alles in uns. Selbst in den größten Bösewichten leuchtete gelegentlich dieser göttliche Funke auf. Auch sie hatten Augenblicke, in denen sie sehr menschlich waren. Es gibt keinen absolut bösen Menschen. Wir haben immer auch die Freiheit, uns für das Gute zu entscheiden. In uns allen sind verschiedene Kräfte und Talente. Es liegt an uns, wie wir sie nutzen. Diese Freiheit macht uns zu Menschen. Aber da ist immer die Versuchung, nur an uns zu denken, und dann ist es möglich, unsere Kräfte für etwas Negatives einzusetzen. Wenn jemand geschickte lange Finger hat, kann er vielleicht ein wunderbarer Pianist werden oder ein Chirurg, der anderen den Schmerz nimmt und das Leben verlängert. Er kann aber auch ein begabter Dieb werden. Das ist die freie Wahl.

Später in Jerusalem hörte ich diese herrliche chassidische Erzählung von Martin Buber: Ein Rabbi besuchte ein Dorf, und die Menschen begrüßten ihn. Einer wurde ihm als hohe Amtsperson vorgestellt, die ebenso mächtig wie auch böse war. Der Rabbi fasste ihn am Saum seines Rocks und sprach zu ihm: ›Herr, ich beneide dich. Wenn du zu Gott umkehrst, wird aus jedem deiner Flecken ein Lichtstrahl werden, und du wirst ganz zu Licht gedeihen. Herr, ich beneide dich um dein großes Leuchten. – Für mich heißt das, wenn dieser Mensch seine großen Talente, seine große Kraft auf das Gute richtet, wird er ein bedeutender Mann werden. Die Kraft, das Talent an sich ist neutral, was wir damit anstellen, worauf wir sie richten, darauf kommt es an. Das war eine tiefe Lehre für mich. Es liegt an uns, was wir aus unseren Möglichkeiten machen. Und damit stehen wir immer wieder vor der Frage: Mensch, wo bist du?

In Auschwitz erlebte ich fast die schlimmste Bosheit der Menschen. Ich sah, dass sie in allen möglich ist. Doch ich erlebte auch die Güte, und zwar in Grenzfällen. Wie benimmt sich ein Mensch vor dem Tod? Diese Frage interessierte mich sehr. Wie benimmt man sich, wenn alles abfällt? Man kann sich vielleicht noch drei Minuten das Leben retten, wenn man etwas Böses tut. Manche taten es, um noch drei Minuten zu atmen. Es gab aber auch Menschen, die schenkten diese drei Minuten jemand anderem.

Ich selbst hatte in Auschwitz verschiedene Erlebnisse, die ich nicht in Worte fassen konnte. Es war so etwas wie eine Vorahnung. Ich wusste, meinen Körper kann man vernichten. Ich sah es ja tagtäglich tausendfach. Was mir aber irgendwie klar war: Es gibt auch etwas in mir, das man nicht vernichten kann. Ich konnte es nicht genau benennen. Aber das gab mir die Kraft weiterzuleben. Ich wusste, das kann man nicht vernichten, denn es wurde nicht erschaffen. Es war immer da und wird immer da sein. Es ist eine andere Dimension.«

Zurück ins Leben

Am 27. Januar 1945 befreite die Rote Armee das Konzentrationslager Auschwitz-Birkenau. Knapp 7000 Menschen befanden sich noch hinter den Stacheldrähten, die meisten von ihnen waren zu schwach und krank zum Gehen. 60 000 Häftlinge, unter ihnen der 15-jährige Yehuda, waren zuvor auf die berüchtigten Todesmärsche getrieben worden.

»Ich erinnere mich noch genau an den Tag, als wir Auschwitz verließen. Die Russen kamen näher, und die Deutschen evakuierten das Lager. Ich empfand es wie ein Wunder, aus Auschwitz herauszukommen. Wir ahnten jedoch nicht, was uns noch bevorstand. Es war Winter und bitterkalt. Wir mussten Tag und Nacht marschieren, irgendwann erreichten wir einen Bahnhof, fuhren eine Strecke in Waggons, wurden bombardiert, die Lok war getroffen, dann mussten wir wieder marschieren. Wer nicht mithalten konnte und zurückblieb, wurde erschossen. Es gab viele Tote. Ich schaffte es mit Mühe und Not und letzten Kräften und mithilfe von Freunden. Einer schleppte den anderen. Irgendwann erreichten wir das Lager Mauthausen in Österreich. Ich sagte mir damals: ›Gott sei Dank starb mein Vater in der Gaskammer. Er hätte diesen Marsch nicht überstanden.‹ Nach zwei Monaten wurden wir nochmals weitergetrieben, nach Gunskirchen, ein Lager mitten im Wald. Es gab kaum Wasser, kaum Nahrung, nichts.«

Abgemagert bis auf die Knochen, nur noch 34 Kilogramm schwer und an Typhus erkrankt, erlebt Yehuda Bacon am 5. Mai 1945 in Gunskirchen die Befreiung.

»Die Wachmannschaften hatten in der Nacht das Lager verlassen. Als wir Häftlinge das realisierten, stürmten wir die Vorratslager. Ich ergatterte ein großes Stück Margarine, aber jemand riss es mir wieder weg. Das war mein Glück. Die SS-Schergen hatten die Vorräte vergiftet, bevor sie sich aus dem Staub machten. Wir waren aber auch so ausgehungert, dass wir zu viel Nahrung gar nicht mehr vertragen konnten. Fast alle aus dem Lager schleppten sich zu einem nahe gelegenen Dorf, und die Dorfbewohner gaben ihnen zu essen. Viele starben daran, weil ihre Körper es nicht verdauen konnten.«

Von den ursprünglich 89 »Birkenau Boys« erlebten nur wenige die Befreiung. Zusammen mit einem von ihnen, dem späteren Rabbiner Wolfgang Adler, macht sich Yehuda auf den Weg:

»Wir hatten die verrückte Idee, in die Schweiz zu gehen. Wir wussten, da ist das Internationale Rote Kreuz, da wird man uns helfen. Wir hatten aber keine Vorstellung davon, wie weit das sein würde. Irgendwann trafen wir auf amerikanische Soldaten. Sie gaben uns Kekse und etwas Käse. Ich konnte es aber nicht schlucken und nichts bei mir behalten. Die Amerikaner hatten den Befehl, mit ehemaligen Häftlingen keinen direkten Kontakt aufzunehmen. Sie befürchteten die Übertragung von Krankheiten. Glücklicherweise kümmerte sich einer der Soldaten nicht um diesen Befehl und brachte uns in ein Hospital im österreichischen Steyr, das von katholischen Nonnen geführt wurde. Wir waren die einzigen ehemaligen Häftlinge dort und wurden sehr gut versorgt. So konnten wir überleben und uns wieder erholen. Der Soldat hieß übrigens Stanley Leeper und war aus Ohio, wie ich später erfuhr. Er kontaktierte mich in den 60er-Jahren, nachdem er mich während des Eichmann-Prozesses im Fernsehen gesehen hatte, und wir lernten uns kennen.«

Nach seiner Genesung hoffte Yehuda Bacon seine Mutter und seine Schwester wiederzufinden und ging zurück in die Tschechoslowakei. Später erfuhr er, dass sie zwei Wochen vor der Befreiung im Frauenlager Stutthof bei Danzig umgekommen waren. Sie hatten den Typhus noch überstanden, aber da sie nichts zu essen bekamen, verhungerten sie. Auch bei den Schilderungen schrecklichster Erlebnisse bleibt Yehuda Bacons Stimme ruhig. Sein Gesichtsausdruck ist ganz sanft, manchmal lächelt er, so als ob er seinem Gegenüber etwas von der Last der Erzählung abnehmen wollte. Aber wie findet man als junger Mensch wieder zurück ins Leben, nach all diesen traumatischen Erlebnissen? Was waren seine Gefühle und Empfindungen in dieser Zeit?

»Noch im Lager haben wir Kinder überlegt, was wir machen würden, wenn wir das alles überlebten. Wir malten uns aus, wie wir Rache nehmen an den Deutschen. Für uns waren Deutsche gleichbedeutend mit SS. Andere kannten wir nicht. Dass es in jedem Volk auch wunderbare Menschen gibt, war uns damals noch fremd. Wir stellten uns vor, dass wir eine große Mauer bauen und alle Deutschen dahinter verhungern lassen würden. Es waren sehr kindliche Gedankenspiele. Als ich dann 1945 in meine Heimatstadt Ostrau zurückkam, sah ich plötzlich ältere Deutsche, die eine Binde trugen und irgendetwas schaufeln mussten. Ich erinnerte mich, dass mein Vater vor Jahren zu ähnlicher Arbeit gezwungen und dabei geschlagen worden war. Ich musste diesen Demütigungen damals zusehen. Ich hob nun einen Stein auf und dachte: Wenn ich ihn auf diese Männer werfe, wird niemand etwas sagen. Ich komme aus dem Konzentrationslager und kann Rache an ihnen nehmen. Aber einen Moment später dachte ich schon: Wozu führt das? Sie werden diesen Hass wieder an andere weitergeben, und vielleicht sind gerade diese Menschen vor mir unschuldig, und ich tue ihnen Unrecht. Außerdem wird die Asche meines Vaters dadurch auch nicht mehr lebendig. So ließ ich den Stein aus meiner Hand fallen. Ich wusste damals bereits, dass es wichtig ist, diesen

Hexentanz irgendwie zu durchbrechen. Aber in das Leben zurück findet man nach alldem nicht von heute auf morgen. In der Nachkriegszeit war ich anfangs noch ganz von den Erfahrungen in den Konzentrationslagern geprägt: Wenn ich einem alten Menschen begegnete, sagte ich innerlich: Was, du lebst noch? Was tust du noch hier? Du bist doch längst reif für das Krematorium. In Prag hatte ich später die Gelegenheit, eine Oper zu besuchen. Es war wunderbare Musik. Aber während der Vorstellung dachte ich darüber nach, wie lange es dauern würde, bis alle Menschen in diesem Theater vergast wären. Ich versuchte auszurechnen, wie viele Säcke mit Haaren von ihnen übrig bleiben würden und wie voll die Kiste mit Goldzähnen wäre. Das war unsere Realität in den Lagern. Ich sah keine Menschen mehr, sondern nur das Material, das von ihnen bleibt. Mein ganzes Denken war irgendwie verbogen nach diesen Erlebnissen. Ich war nicht mehr so wie die Menschen um mich herum.

Mein Umgang mit dem Tod war ein anderer. Ich erinnere mich an das erste Begräbnis, das ich nach dem Krieg erlebte: Ein Wagen mit Pferden zog einen geschmückten Sarg. Es gab Musik und einen festlichen Trauerzug. Ich konnte es nicht begreifen: All das wegen eines einzigen Toten? Vor Kurzem sah ich noch Tausende von Toten. Ich hielt die Leute für verrückt. Ich war geprägt vom Leben in einer Grenzsituation am Rande des Todes. Nach der Befreiung focht ich einen inneren Kampf aus: Auf der einen Seite ist da der 15-jährige Junge, der das Leben vor sich hat, lernen und studieren will, und auf der anderen Seite sehe ich unsere gesamte Existenz aus der Todesperspektive, wie Paul Celan es in seiner Todesfuge beschreibt: ›Schwarze Milch der Frühe wir trinken sie abends wir trinken sie mittags und morgens wir trinken sie nachts wir trinken und trinken‹.[10] Ich war ein Kind mit den Erfahrun-

Nach der Befreiung: Selbstporträt 1945

gen eines Greises. Beides war gleichzeitig da. Wie bringt man das zusammen? Ich weiß nicht, ob es möglich gewesen wäre, diese Zeit zu überwinden, wenn ich nicht gezeichnet hätte.«

Yehuda Bacon beginnt in Zeichnungen zu verarbeiten, was er erlebt und gesehen hat.

»Ich war damals noch ein Kind und wollte Künstler werden und ich dachte, es wäre meine Pflicht zu erzählen, was ich gesehen und erlebt hatte. Ich hoffte, dass die Menschen dadurch besser werden. Das war eine kindische Vorstellung, und die Ernüchterung kam schnell: Niemand wollte oder konnte zuhören. Die Menschen ertrugen meine Erzählungen nicht. Sie waren noch nicht dazu in der Lage zu verarbeiten, was in diesem Krieg passiert war. Und so verstummte ich. Alle Heimkehrer aus den Lagern schwiegen zunächst. Aber ich hatte das Glück, dass ich mich durch Zeichnen und in Tagebüchern ausdrücken konnte. Das half mir, diese Zeit zu überwinden. In dieser Zeit erkannte ich auch die Kraft von Worten.«

Entscheidend für seinen weiteren Lebensweg war für Yehuda Bacon 1945 die Aufnahme in ein provisorisches Jugendheim in Štiřín, in der Nähe von Prag. In dem Waisenhaus wirkte damals auch der Schriftsteller H.G. Adler als Sozialarbeiter. Er schrieb über seine Begegnung mit Yehuda Bacon: »Mir wurde eine Gruppe tschechisch sprechender Halbwüchsiger zugewiesen, meist Buben, die fast alle einige Jahre in Theresienstadt, Auschwitz oder Mauthausen zugebracht hatten und sich zumeist seit 1942/43 in Theresienstadt kannten. Yehuda fiel mir unter ihnen am meisten auf: ein ausdrucksstark jugendliches, fast kindliches Antlitz, mit fast greisenhaften Zügen und dazu ein verstörter Blick.«[11]

»Mein Glück im Leben war, dass ich gleich nach dem Krieg, gleich nach all dem Schrecklichen, das ich erlebt hatte, diesen wunderbaren Menschen begegnet bin. Dazu gehörte Hans Günther Adler, vor allem aber auch der tschechische Sozialarbeiter Přemysl Pitter. Ich erlebte so etwas wie Güte oder ..., in großen Worten war es Liebe. Das hat mich langsam transformiert. In Auschwitz wollte man mich nur schlagen oder töten. Plötzlich waren da Menschen, die nichts von mir wollten oder erwarteten, sondern mir nur Liebe schenkten. Das erzieht. Ich erlebte Menschen, die mir durch ihr Vorbild bewusst machten, was es heißt, ein Mensch zu sein. Das hat mein Leben verändert. Bedingungslos und absichtslos zu lieben, mit reinem Herzen, das gelingt nur wenigen. Es ist eine Gna-

Člověku, který mi vrátil víru.

»Der Mensch, dem ich die Rückkehr ins Leben verdanke.«
Dieses Bild malte Yehuda Bacon für Přemysl Pitter. Es hängt heute in der Holocaust-Gedenkstätte Yad Vashem in Jerusalem.

de, wenn man solchen Menschen begegnen darf. Ich hatte dieses Glück, gleich nach dem Krieg.«

Přemysl Pitter hatte in Tschechien schon vor dem Krieg Waisenhäuser geleitet und er dachte daran, dass nach dem Krieg auch wieder Waisenkinder zurückkämen. Er setzte sich dafür ein, dass Schlösser und Villen, die von reichen Deutschen konfisziert worden waren, in Erholungsheime für Kinder umgewandelt wurden.

»Dabei geschah, heute könnte man fast sagen, so etwas wie ein Wunder: Er nahm nicht nur Kinder auf, die aus den Konzentrationslagern zurückkamen, sondern holte auch Kinder aus den Lagern, in die nun nach dem Krieg die Deutschen gesperrt waren, sodass in diesen Waisenhäusern jüdische Kinder zusammen mit Kindern der ehemaligen Hitlerjugend in Frieden lebten und sogar Freunde wurden. Es gab niemals einen Kampf zwischen uns Kindern. Wir konnten ein echtes Mitgefühl für die Leiden des anderen entwickeln. Für mich war das eine Lehre für mein ganzes Leben.«

Jerusalem, Februar 2013

Zu Besuch in der Heiligen Stadt

Yehuda Bacon hatte uns eingeladen, ihn für Filmarbeiten in Jerusalem zu besuchen. Wir trafen ihn zu einem langen Gespräch
auf einem Hügel über der Stadt. Von hier aus hatten wir einen
wunderbaren Blick auf das Zentrum von Jerusalem, der Heiligen
Stadt dreier Weltreligionen.

»Für mich bedeutet Jerusalem sehr viel. Es ist ein lebendiges Symbol. Je länger ich hier lebe, umso tiefer wird für
mich die Bedeutung dieser Stadt. Ich möchte es so sagen:
Überall kann man glücklich sein oder traurig sein oder
etwas erleben. Aber in Jerusalem kann man noch andere
Erfahrungen machen. Man spürt, dass wir hier nur Gäste
sind auf dieser Welt, aber da ist noch etwas anderes, eine
Präsenz, eine Gegenwart von etwas, das anders ist und
dem Leben Sinn gibt, auch wenn es einem nicht so gut
geht. Vielleicht gibt es Städte, die noch schöner sind als
Jerusalem, aber diese starke Präsenz einer anderen Macht
kann man nur hier so erfahren. Jedenfalls habe ich es nur
hier in dieser Form erlebt. Wenn ich versuche, dieses Erlebnis anderen Menschen nahezubringen, erzähle ich gerne eine Anekdote von Schiller: Als Gott die Güter der
Erde verteilt, kommt am Ende ein Dichter zu ihm. Aber
alles ist schon verteilt, nichts ist geblieben. Gott fragt ihn:
Wo warst du, als ich die Güter der Welt verteilte? Und er
antwortet: ›Ich schaute zu den Sternen am Himmel.‹ ›Ich
habe nichts mehr, was ich dir geben kann‹, sagt Gott zu
ihm, ›aber meine Fenster werden für dich immer offen
sein.‹ Dieser arme Künstler hat nichts von den Reichtü-
mern dieser Welt bekommen, aber der Blick in den Him-

mel, in das Reich Gottes, ist für ihn immer offen. Für mich heißt das, er bekommt etwas von dieser Gegenwart, die man hier in Jerusalem wahrnehmen kann, wenn man offene Augen und Ohren hat. Deswegen bin ich dankbar dafür, dass ich in Jerusalem lebe.«

Yehuda Bacon mit seiner Zeichenmappe über den Dächern von Jerusalem

Mithilfe der Jewish Agency war Yehuda Bacon 1946 über Paris nach Palästina ausgereist. In Jerusalem begann er an der angesehenen Bezalel Academy Kunst und Design zu studieren. Nach Studienaufenthalten in Paris, London und New York wurde er 1959 selbst als Professor für Grafik und Zeichnen an die Jerusalemer Kunstakademie berufen. Hier unterrichtete er bis zu seiner Emeritierung im Jahr 1994. Seitdem lebt er als freier Künstler in Jerusalem.

»Als ich in Jerusalem ankam, stellte sich mir die Frage: Was nun? Was kann ich tun? Was will ich in dieser Nachkriegszeit? Ich wollte irgendwie zum Ausdruck bringen, was ich erlebt hatte. Das spürte ich sehr stark in mir. Es war auch eine Verpflichtung, schließlich gab ich in Auschwitz das Versprechen, davon zu berichten, wenn ich es überlebe. Mit kindlichen Worten ausgedrückt: ›Ich muss erzählen, was der Seele eines jüdischen Kindes passiert ist.‹ Aber auch in Israel wollte und konnte niemand zuhören. Darum versuchte ich, es in meiner Kunst auszudrücken, und machte mir Gedanken, auf welche Weise ich das am besten tun könnte. Ich wollte lernen, mein Bestes zu geben, um als Künstler so gut wie nur möglich zu werden. Mir war klar, dazu musste ich nicht nur meine handwerklichen Fähigkeiten schulen und verschiedene Techniken meistern, sondern ich wollte auch mein Herz und meinen Kopf so weit wie möglich entwickeln, um dieser Idee zu dienen.

Ich hatte dabei auch in Jerusalem das große Glück, auf Menschen zu treffen, die mir nicht nur Unterricht erteilten, sondern durch ihr lebendiges Beispiel anschaulich machten, was es bedeutet, ein Mensch zu sein. Der Philosoph Martin Buber ist hier an erster Stelle zu nennen. Er war über viele Jahre mein Lehrer und Freund und wurde zu einem lebendigen Vorbild für mich. Er hatte so unge-

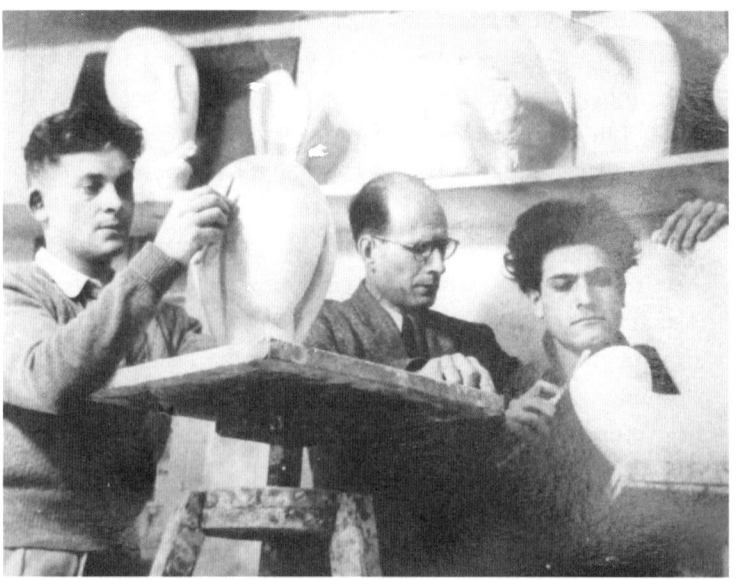
Yehuda Bacon (links) an der Bezalel Academy, 1947, mit seinem Lehrer
Zeew Ben Zwie (Mitte)

heuer viel Wissen und Energie, sich für Menschen einzusetzen, und trotzdem war er so bescheiden im persönli-
chen Umgang. Ich bin kein Philosoph oder Theologe, aber
er half mir, meine Probleme klar zu sehen. Er war mir sehr
nahe. Ich erkannte in ihm auch den großen Künstler, den
Dichter. Er konnte alles genau und treffend in Worte klei-
den. Ich wünschte mir damals auch etwas von diesem Talent. Aber ich hatte diese Fähigkeit nicht. Ich konnte jedoch zeichnen, und das wurde mein Leben.

Ein freundschaftliches Verhältnis entwickelte ich auch
zu Professor Hugo Bergmann. Er war der Dekan der Hebräischen Universität in Jerusalem. Als Kind in Prag war
er ein Schulfreund des Schriftstellers Franz Kafka. Hugo
Bergmann war ein tief denkender Philosoph. Aber es war

nicht nur sein Wissen, das mich ungeheuer beeindruckte. Am meisten imponierte mir, wie er im Alltag mit den Menschen umging, die ihm begegneten. Er konnte sich jedem mit ganzem Herzen und ganzer Aufmerksamkeit widmen, egal, ob das ein Professor, ein Kind oder ein einfacher Arbeiter war. Als Kind hat man ein sehr feines Gespür. Dieses Vorbild machte mir Mut und gab mir Hoffnung. Ich erlebte, dass man als Mensch immer die Freiheit der Entscheidung hat und dafür auch Verantwortung übernehmen muss. Immer ist man vor die Frage gestellt, ›ob man sich selbst oder die Welt im Sinn hat‹, wie Buber das einmal formulierte. Diese Menschen halfen mir, die schwere Zeit zu überwinden.«

Das chassidische Erbe, in dem sowohl Martin Bubers wie auch das Weltbild Yehuda Bacons wurzelt, war erfüllt von der Überzeugung, dass trotz allen Leidens in der Welt das Dasein im Grunde göttliche Freude ist, zu der man immer und überall durchdringen kann, wenn man sich nur darauf ausrichtet. In der chassidischen Tradition ist die Welt der Ort, an dem Gott uns begegnen will. Aufgabe des Menschen ist es, den verborgenen »göttlichen Funken« zum Leuchten zu bringen, auch in schwierigen und leidvollen Situationen.

»Ich wollte meine Erlebnisse ganz bewusst nicht vergessen. Die Erfahrungen in den Konzentrationslagern sind Teil meines Lebens, und mein Ziel war es, auch diese Erfahrungen in etwas Positives umzuwandeln. Ich versuchte, daran zu reifen, menschlich und auch in meinem künstlerischen Schaffen. Es ging mir darum, dem ganzen Leben – in meinem Fall war das auch Auschwitz – einen Sinn zu geben. Wenn man dem Tod so nahe war, so viel Schreckliches erlebt hat, fragt man sich unwillkürlich: ›Hat dieses Leben einen Sinn‹? Eines war klar, alles Materielle konnte mich nicht mehr befriedigen. Ich musste zwar auch irgendwie durchs Leben kommen und dazu braucht man Geld und andere Mittel, aber ich verspürte keinen Wunsch mehr in mir, materielle Güter anzuhäufen. Ich suchte nach etwas anderem. Einem Künstler kann das Leiden am Leben helfen, eine tiefere Erkenntnis zu gewinnen. Aber Gott behüte, ich will auf keinen Fall sagen, dass man unbedingt leiden muss, um das zu erfahren. Goethe war ein herrlicher Dichter mit tiefer Erkenntnis, ohne einen Tag Hunger zu leiden. Es gibt sicher viele angenehmere Wege als meinen. Für mich war es die Präsenz von übermenschlichem Tod, die ich in Auschwitz erlebt habe. Sie hat mein Leben so erschüttert, dass ich eine andere Sichtweise gewann. ›Was kann man von Auschwitz lernen?‹ Für manche mag diese Frage verrückt klingen. Doch ich wollte mir die Antwort darauf erkämpfen und erobern und bis in die Wurzeln ergründen. Ich bin kein Psychologe und auch kein Historiker, doch ich habe viel gelesen. Ich versuchte das Geheimnis des Lebens zu ergründen und in meiner Kunst abzubilden. Zum Leben gehören auch Krankheit und Schmerz. Wenn jemand krank ist, ist es furchtbar. Mit etwas Abstand findet man vielleicht heraus: Auch das war letztlich zum Guten. Das Leid hat mich als Mensch vertieft. Doch ich wünsche niemandem, dass er es auf diese Weise erlebt.

Nach den Eichmann-Prozessen fragte mich ein Journalist: ›Hat all das Leiden einen Sinn gehabt?‹ Ich antwortete ihm ungefähr Folgendes: ›Leiden kann einen Sinn haben, wenn es einen Menschen im tiefsten Herzen berührt. Dann kann das Leiden zu einem Katalysator für eine neue Sicht auf die Welt werden.‹ Nicht nur in Auschwitz, im Leben aller ist das möglich. Wenn etwa die Mutter plötzlich stirbt, kann man an Gott und der Welt verzweifeln. Man kann aber auch erkennen, dass wir Menschen alle etwas gemeinsam haben. Der andere ist ein Geschöpf wie ich selbst. In der Bibel heißt es: ›Liebe deinen Nächsten wie dich selbst.‹ Wie soll das gehen? Der andere ist doch so verschieden von mir. Aber wenn man tiefer geht, erkennt man, dass uns etwas verbindet. Dieses Bewusstsein einer Verbundenheit ist schwer in Worte zu fassen. Im höchsten Sinne ist es die Liebe, aber das ist auch so ein missbrauchtes Wort. In der hebräischen Bibel folgt dem Satz ›Liebe deinen Nächsten‹ noch die Anmerkung ›Ich bin der Schöpfer‹. Es geht um diese Dreiecksbeziehung: Über Gott sind wir alle miteinander verbunden. Aber auch das Wort Gott ist heute so in Misskredit geraten, dass man es kaum noch verwenden kann. Es ist daher nicht wichtig, wie man es nennt. Man könnte vielleicht auch Dasein oder Leben dazu sagen. Entscheidend ist das Bewusstsein dafür, dass wir alle miteinander verbunden sind. Der andere ist ein Wunder, wie ich selbst, wie jeder Mensch. Für mich ist darin das Geheimnis der Liebe verborgen. Mir hat das geholfen, das Problem des Hassens zu überwinden. Wenn ich hasse, dann hat Hitler gewonnen, dann hat er mich auch infiziert und mich verdorben.

Irgendwann gab es einen Moment, da spürte ich, dass ich zum Thema Auschwitz das Meinige gesagt hatte. Ich wollte etwas anderes schaffen und kein Berufs-KZler werden. Aber in vielen meiner Bilder sind auch heute noch Andeutungen an die Lagerthematik enthalten, ganz verborgen und versteckt. Jeder Künstler, jeder Mensch hat seine Kindheit. Sie ist immer präsent. Ich will mich nicht mit Picasso oder Chagall vergleichen, aber Picasso hatte den Ochsen oder die Stierkämpfe, die sich als Symbole durch sein gesamtes Schaffen ziehen. Chagall hatte die Hühner und seine Heimatstadt Wizebsk in Weißrussland. Bei mir ist es Auschwitz. Das ist mein Material. Diese Erinnerungen werden transformiert und ziehen sich wie ein

Traum durch das ganze Werk. Ich wollte niemals grausame Dinge illustrieren, die ich erlebt hatte. Doch diese Erfahrung wirkt. Sie ist nicht erledigt. Die Kindheitserinnerungen bleiben auch in meinem Werk lebendig, oft als Symbolik. Ich will sie nur andeuten, ohne zu predigen. Wirkliche Kunst ist für mich wie das wirkliche Leben: Jeder findet darin das, was er sucht. Aber es geht auch darüber hinaus. Ich habe die Erfahrung gemacht, wenn man sich einer Arbeit mit ganzem Herzen hingibt, kann sie einen höheren Sinn gewinnen. Sie führt dann zu einem Dialog, zu echter Begegnung. Vielleicht nimmt jemand, der meine Bilder betrachtet, dann einen bestimmten Aspekt des Lebens auf ganz neue Weise wahr. Manchmal gelingt es, ein Echo im andern auszulösen.

Es geht nicht nur um Kunst. Ich versuche vor allem, ein Mensch zu sein. Jede offene Begegnung kann uns gegenseitig bereichern. Das ist für mich die Gnade des Menschseins: dass wir füreinander da sein können. So wie eine Mutter für ihr Kind. Oder wie ein begnadeter Chirurg, der einen von Schmerz befreien und das Leben verlängern kann. Jeder ist dazu in der Lage, jeder auf seine Weise: Wir können für jemand anderen da sein. Doch wie oft haben wir dafür keine Zeit und keine Geduld.«

Auschwitz – Jerusalem. Extrempole im menschlichen Leben, die die Frage nach Gut und Böse aufwerfen.

»Die Frage nach Gut und Böse ist eine der tiefsten Fragen. Wir alle denken, das Böse sei das Gegenteil vom Guten. Wenn man aber sehr viel darüber nachdenkt, Philosophien und Theologien studiert und letztlich eine tiefere Erkenntnis gewinnt, dann sieht man, die letzte Wahrheit ist keine Dualität. Es ist eine große Einheit und es gibt einen Weg zu dieser Einheit. Die Menschen aber sagen: ›Nein, ich gehe meinen Weg.‹ So entsteht die Spaltung. Hier ist der Weg zum Göttlichen, wenn man es so nennen will, und auf der anderen Seite ist mein Weg, sei es der Weg der Macht, des Reichtums, einer Nation oder irgendein Abgott oder Götzendienst. Plötzlich ist eine private Wahrheit da. Auf diesem Abweg entsteht das Böse. Ich denke, der Ursprung ist in uns, wir müssen ihn in uns selbst erkennen. Mit der Spaltung des Weges entstehen Bosheit und Lüge. Doch der Abweg führt letztlich ins Nichts. Existenz hat nur die Einheit. Man nähert sich dieser Einheit. Man kann sie niemals ganz erreichen. Jedenfalls in meinem Glauben kann man niemals selbst Gott werden. Man kann sich dieser Einheit nur nähern. Das ist das größte menschlich Erreichbare: Die Nähe ist mir das Höchste. Alles andere führt auf einen Abweg und letztlich zum Bösen. Aber in der größten Erkenntnis sieht man, dass das Böse keine Existenz hat. Auch derjenige, der alles an sich rafft, immer nur ›ich‹ und ›mein‹ kennt, auch er stirbt und er stirbt ins Nichts mit all seinen Schätzen. Seine Schätze haben keine wirkliche Existenz. Ein Napoleon will mehr und mehr, weil er eine innere Leere spürt. Doch er wird niemals Zufriedenheit erlangen. Es ist nur ein Davonlaufen vor dem eigentlichen Problem. Es ist ein Verstecken vor der Frage ›Mensch, wo bist du?‹.

Aber was folgt nach dieser ekstatischen Erkenntnis? Was fängt man damit an im tagtäglichen Leben? Auf Hebräisch heißt die Antwort ›Lesaper kol mal' achotecha‹: Durch meine Lebensweise verkünden, was ich erfahren habe. Mein Leben selbst ist die Antwort. Nur sehr wenigen Menschen gelingt das. Wir alle sind heute so zerstückelt und getrennt. Manche können die große Einheit in der Liebe zu einer geliebten Person erahnen. Andere hören sie vielleicht in der Musik. Sie sagen, was soll ich über Gott sprechen, ich höre die Musik von Bach. In dieser Musik verkörpert sich Gott, wenn jemand die Ohren dafür hat. Ein Astronom fühlt es vielleicht, wenn er in die Sterne schaut. Man kann diese Einheit ganz individuell erfahren und ihr viele Namen geben. Aber um sie zu schauen, muss man als Mensch sein Möglichstes tun. Und wer kann sagen, ich habe heute mein Bestes getan? Vielleicht gelingt es morgen. Doch allein der Versuch, ein Mensch zu sein, das ist schon enorm. Mein Glück war, dass ich Menschen sah, die es nicht nur versuchten, sondern denen es gelang, lebendiges Vorbild zu sein. Sie ließen mich erahnen, was uns Menschen möglich ist. Wenn man solchen Menschen begegnet, dann ist das eine Gnade. Jedenfalls für mich war es eine Gnade, ihnen zu begegnen.«

Wir alle in unserem Filmteam fühlten uns durch die Begegnungen und die Gespräche mit Yehuda Bacon beschenkt und bereichert. In seiner bescheidenen Art konfrontierte er jeden von uns mit den fundamentalen Fragen: »Wer bin ich? Was ist der Mensch?« Als junger Mann erblickte Yehuda Bacon in dem Philosophen Martin Buber einen großen Künstler und wünschte sich etwas von dessen Talent, grundlegende Erfahrungen mit Worten auszudrücken. »Man kann aber nicht auf allen Hochzeiten tanzen. Man muss sich beschränken, und ich beschränkte mich auf die Kunst«, meinte er. Wir trafen in Yehuda Bacon einen Künstler, dessen tiefe Weisheit sich in seinen Worten und seinen Gemälden offenbart.

GRETA KLINGSBERG
Es ist ein Lied in allen Dingen

»*Überlebt zu haben ist noch kein Verdienst. Wichtig ist doch, was man daraus macht.*«

Jerusalem, Februar 2013

»Das Universum wurde aus Freude geschaffen.«[12] Dieser Weis-
heitsspruch kam mir in den Sinn, als Greta Klingsberg uns in
Jerusalem durch ihren Garten führte.

»Hart, hart, hart, viele Steine und wenig Wasser – aber es hat
geregnet, einmal«, sagt die 83-Jährige, während sie erstaunlich
agil und beweglich mit einer kleinen Blumenkelle in ihren Beeten
stochert. »Das Wachsen, das Werden, das Entfalten, das ist wundervoll. Ich bin sehr stolz auf alles, was ihr hier seht: den Gins-
ter, die Rosen, den kleinen Zitronenbaum und den großen Zitronenbaum, den habe ich vor 13 Jahren gepflanzt. Da unten ist
noch ein Mandarinenbaum. Das wird ein Apfelbaum, und dieses
kleine Bäumchen habe ich vor einem halben Jahr gesetzt: ein
Pflaumenbäumchen. Jetzt fängt es schon an zu blühen. Das ist
eine der schönsten Sache im Garten und an der Gartenarbeit
überhaupt: das Werden. Das ist herrlich«, sagt sie und lacht in
die Kamera. »Auch bei der Musik habe ich lieber die Proben als
die Aufführungen. Das Werden, das Schaffen, dieser ganze
Schöpfungsprozess – ich finde das wirklich herrlich. Im Garten
erlebt man das. Schau, bald werden sich die Knospen öffnen.
Das hier wird eine Osterglocke, und auch der Rittersporn wird
bald blühen. – Ob es eine Pflanze ist, ein Baby, ein Musikstück,
was auch immer, auf einmal ist es da. Es ist schön. Es ist richtig.
Das ist es.«

Greta Klingsberg strahlt über das ganze Gesicht: »Ich kann
wirklich sagen, ich lebe gern und habe Freude an der Natur und
auch an den Menschen. Die Gartenarbeit ist mein täglicher
Sport. Wenn man rausgeht in die Natur, ist eine Stunde schnell
vorbei. Man ist verschmutzt – schau dir nur meine undamen-
haften Hände an –, aber es ist ein gesunder Schmutz und macht
Freude. Ich habe in diesem Garten alles selber gesetzt, bis auf

den Feigenbaum und den Mandelbaum. Die sind von Allah oder vom lieben Gott. Sie haben sich einfach hier hergesetzt. Ich hätte ja nie einen Mandelbaum in einen Feigenbaum hineingepflanzt. Er hat sich hergesetzt, dann soll er auch am Leben bleiben. Ich bin wirklich stolz auf den Garten, denn es ist schwierig, ihn zu erhalten, hier in unserem wasserlosen Dasein. Ein bisschen weiter Richtung Osten beginnt schon die Wüste, und der Ostwind weht hier sehr stark herein und trocknet alles schnell aus. Außerdem haben wir meist neun Monate lang keinen Tropfen Regen. In meiner Küche steht in jeder Ecke ein kleiner Eimer. Damit sammle ich alles Wasser. Wenn Seife darin ist, geht es in die Toilette. Wenn das Wasser aber nur ein bisschen fettig ist, ist es der beste Dünger und kommt in den Garten. Man muss schon sehr dahinter sein. Aber es macht Spaß. Schau, da kommen die ersten kleinen Hyazinthen, Traubenhyazinthen, bald wird hier alles voll sein davon. Durch die Wärme der letzten Tage kommt jetzt alles schnell heraus. Das ist unser Februar in Jerusalem. Ich bin froh, dass ich den kalten europäischen Winter nicht mehr habe. Gefroren habe ich genug in meinem Leben.«

Greta Klingsberg taucht unter zwischen den Zweigen ihres Zitronenbaumes: »Schaut mal, die sind wirklich schön! Hier ist eine besonders große. Jetzt riech einmal, damit du merkst, was eine Zitrone ist. Aah – das sind Gerüche! So etwas gibt es nicht im Laden. Will noch jemand riechen oder darf ich wieder heraus aus dem Zitronenbaum?«

»Moment noch!«, ruft unser Kameramann. »Ich würde gern noch ein paar Bilder machen.«

Greta Klingsberg antwortet mit einem Liedchen: »›Nicht so schnelle, nicht so schnelle! Wart ein wenig, kleine Welle!‹ – Das ist Schubert. Ich habe für jede Situation ein Lied. Ich singe zwar nicht mehr öffentlich, aber es singt dauernd in mir.«

»Schau doch noch einmal auf deine Zitronen«, bittet unser Kameramann, das Kameraobjektiv am Auge.

»Im Moment schau ich auf mein Pflaumenbäumchen, dem du viel zu nah bist, mein lieber Herr«, sagt sie besorgt. »Entschuldigt, ich bin sonst wirklich nicht zimperlich. Aber bei den jungen Pflanzen muss man aufpassen. Und Vorsicht! Gleich daneben ist auch mein Tropfsystem für die Bewässerung. Das ist computergesteuert.« Aber schon muss sie wieder lachen.

»Das Werden, das Schaffen, dieser ganze Schöpfungsprozess – ich finde das wirklich herrlich.« Greta Klingsberg in ihrem Garten in Jerusalem

»Der Garten ist auch meine Schule. Ich habe einmal gesagt, mein Hirn ist offen geblieben und aufnahmefähig, weil ich kaum eine richtige Schule besucht habe. Vielleicht konnte ich mir deshalb meine Neugier erhalten. Ich interessiere mich für vieles und probiere gerne Sachen aus, die mir Spaß machen.«

Im selben Moment ist ihre Aufmerksamkeit schon wieder bei ihren Pflanzen: »Schön, dass dieser Strauch noch einmal angegangen ist. Ich musste ihn kräftig zuschneiden. Er bekommt so herrliche große Blüten. Wenn man dann hier sitzt und frühstückt, ist es einfach nur schön.«

Greta Klingsberg lebt seit 1946 in Jerusalem. Geboren wurde sie 1929 in Wien. Als Grete Hofmeister wuchs sie im 2. Bezirk, der Leopoldstadt, auf, nahe der neuen Synagoge und dem Prater. »Mazzeinsel« war der Spitzname dieses Viertels zwischen der alten Donau und dem Donaukanal. Er leitete sich ab von den vielen Matzebäckern, die zur Zeit der jüdischen Feste das ungesäuerte Brot herstellten.

»Unser Leben war sehr jüdisch, aber nicht besonders religiös«, erinnert sich Greta Klingsberg. Der Vater Alfred Hofmeister arbeitete für eine Zeitung. »Was er da genau gemacht hat, weiß ich nicht mehr.« Die Mutter Paula führte vor der Heirat einen kleinen Tabakladen – »als erste jüdische Frau überhaupt«, wie Greta Klingsberg betont. Später war sie ganz für die Familie da: »Meine Eltern waren arm, aber sie waren saubere, einfache Menschen. Wir sind sehr behütet und liebevoll umsorgt aufgewachsen.« Zur Familie gehörte auch die um ein Jahr jüngere Schwester Trude.

»Es war zunächst eine ganz normale Kindheit. Ich träumte davon, später einmal Lehrerin zu werden oder Schauspielerin, um die Menschen zum Lachen zu bringen. Mein Großvater war unter dem Namen ›Poldi Hofer‹ ein recht bekannter Schauspieler in Berlin. Musik hatte ich auch schon immer gerne, aber um mich ein Instrument erlernen zu lassen, dazu fehlte meinen Eltern das Geld.«

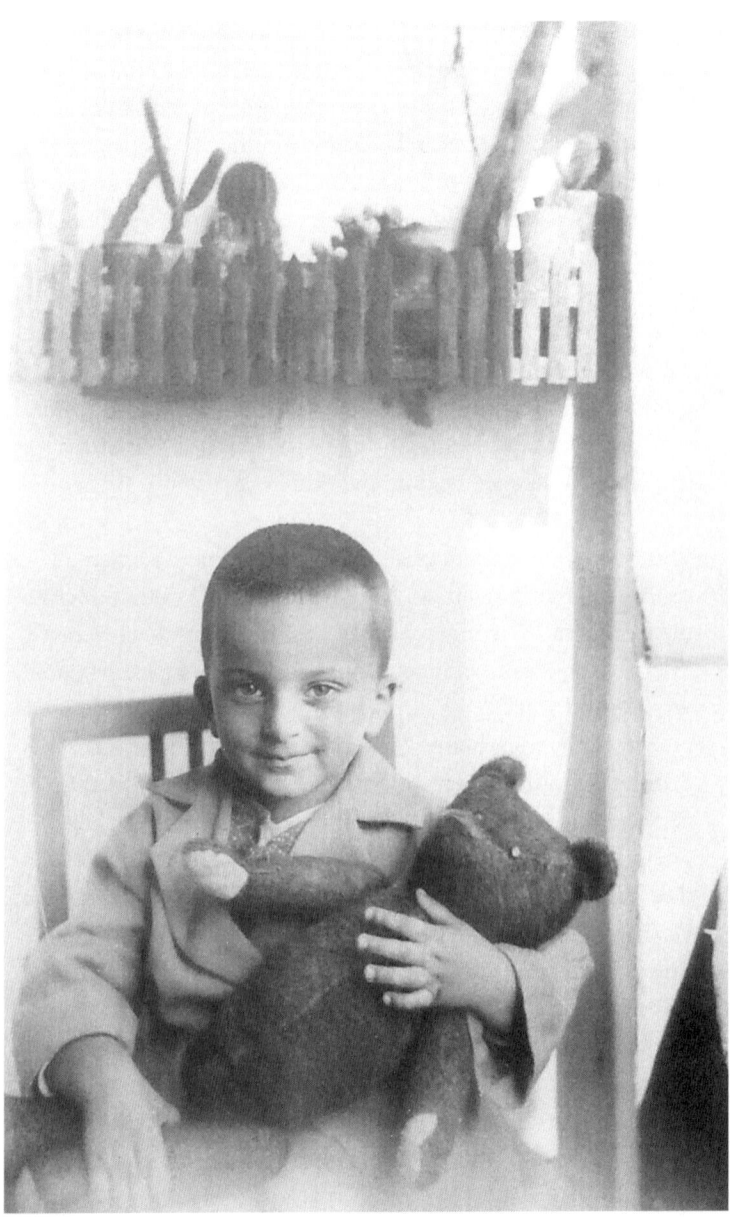

Heile Welt in Wien. Greta im Alter von drei Jahren mit ihrem »Burli-Brumm«

Greta ging in die zweite Klasse der Grundschule, als sie merkte, dass sich das Leben in Wien veränderte: »Ich war eine sehr ehrgeizige Schülerin und hatte viel Freude am Lernen. Aber plötzlich bekam ich auch für gute Leistungen schlechte Zensuren. Das ärgerte mich sehr. Doch jüdische Kinder durften keine guten Noten mehr haben. Später wurde uns ganz verboten, in die Schule zu gehen. Auf einmal war es nicht mehr erlaubt, Nachbarn zu grüßen, mit Freunden zu spielen, und in bestimmten Geschäften durften wir nicht mehr einkaufen. Jeden Tag gab es irgendwelche neuen Bestimmungen«, erinnert sie sich.

1938, nach dem Anschluss Österreichs an Nazideutschland, musste der Vater untertauchen und sich vor den Behörden verbergen. Für die Kinder begann die dunkle Zeit:

»Eines Abends packte unsere Mutter ein paar Sachen zusammen. Wir gingen aus dem Haus und kamen nicht mehr zurück. Wir marschierten zu Fuß zur tschechischen Grenze. Ich erinnere mich noch, dass es sehr kalt war und windig und stark regnete. Wir passierten die Grüne Grenze. Ich fühle noch heute den schweren Matsch an unseren Schuhen von den aufgeweichten Feldern. Jeder Schritt fiel schwer. Ich weiß auch noch, dass meine Mutter irgendwann so erschöpft war, allein, mit uns beiden Kindern, dass sie sagte: ›Ich kann nicht mehr. Wir gehen zurück.‹ Da habe ich, wie meine Mutter später erzählte, mit dem Fuß aufgestampft und gesagt: ›Nein, jetzt sind wir schon so weit. Wir gehen weiter.‹ Irgendwann kamen wir dann nach Mikulov, ein tschechisches Städtchen gleich an der Grenze. Wir wussten nicht, wohin. Dann hörten wir jemanden deutsch sprechen und hofften, dass es Juden sind. Wir hatten recht und bekamen eine Unterkunft und etwas Essen und ein Bad. Und am nächsten Tag fuhren wir weiter nach Brünn, der mährischen Hauptstadt. Hier sollten wir unseren Vater treffen.«

Paula Hofmeister mit ihren beiden Töchtern Greta und Trude kurz vor der Flucht aus Österreich

In Brünn hatten sich Gretas Eltern einer Gruppe angeschlossen, die illegal nach Palästina ausreisen wollte. Kinder mit auf die gefährliche Unternehmung zu nehmen war nicht möglich. Die neunjährige Greta und ihre achtjährige Schwester mussten zurückbleiben. Wie alle anderen Eltern, die mit ihnen diese Reise wagten, gaben auch Gretas Eltern ihre Töchter zur Obhut in ein Heim. Nach ihrer Ankunft in Palästina wollten sie ihre Kinder nachholen. Doch der Plan scheiterte, denn am 15. März 1939 okkupierte die deutsche Wehrmacht die Tschechoslowakei und errichtete das Protektorat Böhmen und Mähren. Die Kinder wurden nun in ein tschechisch-jüdisches Waisenhaus umquartiert.

»Insgesamt waren es etwa 30 Kinder. Nur drei davon haben ihre Eltern wiedergesehen. Das war eine fürchterliche Zeit. Ich erinnere mich an nichts Erfreuliches: Die Eltern waren weg. Wir waren mit vielen Kindern aller Altersstufen, Mädchen und Jungen, zusammen in einem großen Raum untergebracht, in dem wir uns Tag und Nacht aufhalten mussten. Kinder können grausam sein und nehmen Fremde nicht so leicht auf. Wir Kinder aus Österreich sprachen noch kein Tschechisch. Auch waren wir keine richtigen Waisen, sondern hatten Eltern in Palästina. Als wir langsam Tschechisch lernten, wurde unsere Situation im Waisenhaus etwas besser. Doch auch die Heimleiterin war kein guter Mensch. Ich erinnere mich, dass wir viel

Kurze Zeit besuchte Greta die deutsche Schule in Brünn. Doch schon bald wurde jüdischen Kindern der Unterricht verboten.

Ein Brief der Eltern aus Palästina an ihre Kinder. »Über das Rote Kreuz hielten unsere Eltern Kontakt zu uns und versuchten unsere Ausreise nach Palästina zu organisieren. Aber das gelang nicht mehr.«

4. Antwort des Empfängers:
Réponse du destinataire: INNIGSTGELIEBTE KINDER

(Höchstzahl 25 Worte!)
(25 mots au plus!) SIND GLUECKLICH POST VON
EUCH ZU HABEN, GEHT IHR IN DI[E]
SCHULE? PAUL LEO ZUHAUSE?
SCHREIBET GROSSMAMA TANTE FRITZ
HERZLICHSTE KUESSE
MAMA PAPA.

(Datum / date) 23. XII. 41   (Unterschrift)
                                  (Signature)

10 AVR. 1942

hungerten und oft wegen Kleinigkeiten streng bestraft wurden. Mit den Lebensmitteln für die Kinder betrieb sie Schwarzmarktgeschäfte. Als das aufflog, wurde das Waisenhaus geschlossen, und wir Kinder kamen mit einem der ersten Transporte nach Theresienstadt.«

Die ehemalige Kaserne Theresienstadt, 60 Kilometer nördlich von Prag, wurde nach der Umwandlung in ein Konzentrationslager für jüdische Häftlinge oft als »Vorhof zur Hölle« bezeichnet. Es diente als Durchgangslager für die »Transporte in den Osten«. In nüchternen Zahlen liest sich das so: Insgesamt wurden 141 000 jüdische Gefangene nach Theresienstadt deportiert, Tschechen, Deutsche, Österreicher, Holländer, Polen, Ungarn und Dänen. Etwa 33 500 Menschen starben im Lager. 88 000 wurden weitertransportiert in die Vernichtungslager im Osten. Von ihnen überlebten nur 3500.

»Kinder haben ihre eigene Sicht«, sagt Greta Klingsberg. »Das Getto war noch nicht organisiert, als wir ankamen. Es dauerte noch eine Zeit, bis sich die jüdische Selbstverwaltung um uns Kinder kümmerte. Schließlich kamen wir in das sogenannte Mädchenheim im Block L 410. In dreistöckigen Betten teilten sich hier ungefähr 30 Kinder im gleichen Alter einen Raum. Es gab keine Schränke. Unsere paar Sachen, Kleiderfetzen, ein Buch, eine Zahnbürste, hatten wir auf unseren Bettlagern. Ich war in Zimmer 25 zusammen mit vielen anderen Kunst liebenden Kindern. Wir haben sehr viel gesungen, Gedichte geschrieben und gezeichnet. Auch wenn hier alles immer überfüllt war, man nie einen Moment für sich alleine hatte und uns viel Elend umgab, war ich in Theresienstadt zum ersten Mal nach Jahren wieder etwas entspannt und auch glücklich.«

Die jüdische Lagerverwaltung setzte alles daran, den Kindern in Theresienstadt einen geschützten Raum zu bewahren.

»Wir wollten unserer Jugend ein Heim schaffen, einen Ort, wo sie ernst genommen wird, wo sie ungestört jung sein durfte. ... Wir wollten ihr inmitten des gehäuften Elends ein relativ schönes Zuhause schaffen«,[13] schrieb der legendäre jüdische Jugendführer Fredy Hirsch 1943 in seiner Bilanz zum einjährigen Bestehen der Jugendheime von Theresienstadt. Die vielen Berichte und Erzählungen, die es über die »Jugendfürsorge« in Theresienstadt gibt, machen deutlich, wie ernst Erziehung hier genommen wurde und mit wie viel Engagement pädagogische Ideen im Rahmen des Möglichen in die Praxis umgesetzt wurden. Möglich war das auch deswegen, weil in diesem Lager in Nordböhmen viele Künstler, Wissenschaftler und Pädagogen versammelt waren, unter ihnen viele Menschen, denen das Leben der Kinder wichtiger wurde als ihr eigenes Leben. Karel Ančerl, nach dem Krieg Leiter der Tschechischen Philharmonie in Prag und einer der wenigen Musiker Theresienstadts, die den Holocaust überlebten, schrieb in seinen Memoiren: »Jawohl, den Nazis gelang es fast, die Juden auszurotten. Was ihnen jedoch nicht gelang und nicht gelingen konnte, war die Vernichtung des Gedankens dessen, was am Menschen menschlich ist.«[14]

»Das waren die wahren Helden und Heldinnen von Theresienstadt: die Betreuer, die sich um die Kinder gekümmert haben«, sagt Greta Klingsberg. »Diese aufopfernde Liebe, die sie uns schenkten. Sie waren auch streng und haben dafür gesorgt, dass wir uns waschen und Ordnung halten. Ich habe am meisten Laura Šimko zu verdanken, auch wenn sie besonders penibel darauf achtete, dass wir die Betten machten, die Schuhe ordentlich abstellten und uns die Zähne putzten. Alle Mädchen schrieben auch Tagebuch. Als ich einmal im Krankenzimmer lag, warum, weiß ich gar nicht mehr, habe ich ihr mein Tagebuch zu lesen gegeben. Daraufhin hat sie den Entschluss gefasst, mich zu adoptieren. Das gab es oft in Theresienstadt. Wer keine Eltern hatte, bekam jemanden, der für ihn sorgte. Von da an nahm Laura die Mutterstelle bei mir ein. Meine Schwester und ich waren schon seit vier Jahren von unseren richtigen Eltern getrennt. Die meisten anderen Kinder kamen mit ihren Familien nach Theresienstadt. Aber wenn die Eltern klug waren, gaben sie ihre Kinder in die Jugendheime. Da waren die Kinder unter sich, wir wurden etwas besser versorgt und wir bekamen so etwas wie Unterricht. Uns wurde viel beigebracht über Literatur und Geschichte, aber wir lernten auch Mathematik und Fremdsprachen. Mitschreiben konnte man bei den Vorträgen nicht, denn das Papier wurde für die zeichnenden Kinder gebraucht. Ich erinnere mich heute noch an deutsche Gedichte, die ich damals auswendig lernen musste: ›Sängers Fluch‹, ›Die Kraniche des Ibykus‹. Unsere Schule war improvisiert, aber sehr fantasievoll.«

Mehr noch als auf Wissensvermittlung wurde von den Pädagogen in Theresienstadt Wert auf eine humanistische Bildung gelegt:

»Die Betreuerinnen haben uns so erzogen und sehr viel Wert darauf gelegt, dass wir Kinder zusammenhalten. Wir teilten alle Sachen untereinander. Wenn jemand ein Stück Brot bekam, hat er sicherlich die Hälfte an jemand anderen abgegeben. Für viele Erwachsene im Lager war das undenkbar. Die wussten, das Stück Brot sichert ihr Überleben. Wir Kinder haben nicht so gedacht und mit der Freundin das Essen am Bett geteilt. Da waren unsere Betreuer auch Vorbilder. Laura und ihresgleichen, das waren wirklich Menschen, die versucht haben, unter allen Umständen Mensch zu bleiben. Und das gaben sie an uns

Kinder weiter. Ich glaube, es ist ihnen gelungen. Man kann überall auf böse Menschen treffen, auch heute. Manche sagen dann zu mir: ›Was regst du dich auf, du hast doch schon viel schlimmere Sachen erlebt.‹ Mich ärgert es trotzdem immer wieder, weil wir andere Vorbilder hatten, die uns geprägt haben. Menschen wie Laura, die uns Hoffnung und Werte mit auf den Weg gaben. Aber sie war auch streng. So wie ich zu meiner jüngeren Schwester damals. Sie war in einem anderen Zimmer untergebracht, aber wir konnten uns oft sehen, und ich fühlte mich verantwortlich für sie. Ich war sehr moralistisch. Mit erhobenem Zeigefinger. Einmal wollte sie aus einem Abfalleimer etwas herausholen, irgendein altes Spielzeug. Ich habe es verboten: ›So etwas macht man nicht!‹ Das tut mir heute noch leid.

Aber ich habe damals auch gelernt: Das Leben ist schön, selbst in schwierigen Zeiten. Vielleicht findet man gerade dann den Menschen, der ein Freund fürs Leben wird. Diese Begegnungen, das Teilen mit dem anderen – Brot und was wir sonst noch alles geteilt haben, das sind kleine Lichtblicke, und die machen das Leben letztlich aus. Doch man muss sicherlich nicht den Weg gehen, den wir gegangen sind, um das zu erfahren. Ich sage heute immer wieder zu Kindern, sie sollen Freude haben an dem, was sie machen, und den anderen akzeptieren, so, wie er ist. Ich glaube, das schenkt auch Lebensmut. Aber das klingt alles so hochtrabend. Das bin ich nicht. Habt Spaß am Leben und nutzt eure Begabungen. Das ist alles.«

Licht in der Dunkelheit

Theresienstadt unterschied sich von allen anderen Zwangslagern während der nationalsozialistischen Herrschaft durch das einzigartige kulturelle Leben, das sich in diesem Getto entwickelte. Die Häftlingsgesellschaft in Theresienstadt wurde von jüdischen Intellektuellen geprägt, darunter eine große Zahl hervorragender Maler, Dichter und Musiker. Hier entstanden kulturelle Werke von Rang, trotz all des Elends, das hier herrschte. Die bis heute stärkste Nachwirkung der Musik Theresienstadts entfaltete die Kinderoper Brundibár.

Brundibár ist nicht in Theresienstadt entstanden. Bereits 1938 hatten der Komponist Hans Krása und Adolf Hoffmeister, der den Text zur Musik schrieb, die Partitur der Kinderoper für

Brundibár-Aufführung mit Greta (Mitte) als Aninka. »Auf einmal gab es in Theresienstadt junge Stars. ›Da geht die Aninka!‹, riefen die Kinder, wenn sie Greta Hofmeister sahen.«[15]

einen Wettbewerb des tschechoslowakischen Ministeriums für Bildung und Kultur eingereicht. Nach der Annexion der Tschechoslowakei durch Hitler wurde der Wettbewerb nicht mehr ausgewertet. Im Sommer 1941 feierte Rudolf Freudenfeld, der Direktor des jüdischen Waisenhauses in Prag, seinen 50. Geburtstag. Es wurde musiziert und gespielt. Unter den Festgästen waren auch der Komponist Hans Krása und Künstler des Prager Nationaltheaters. Es entstand die Idee, mit den Waisenkindern die Oper Brundibár aufzuführen, und 1942 fand eine erste, allerdings sehr eingeschränkte Vorstellung statt. Alle Künstler trafen sich später in Theresienstadt wieder, und man beschloss, die Oper mit den Kindern im Lager einzustudieren. Auf dem Dachboden des Jungenheims L 417 begannen die Vorbereitungen. Unzählige Kinder wollten mitmachen. Rafael Schächter und Rudolf Freudenfeld ließen sie alle vorsingen und wählten geeignete Kandidaten aus. Die weibliche Hauptrolle der Aninka erhielt schließlich Greta Hofmeister.

»Ich wirkte davor schon bei verschiedenen Aufführungen im Lager mit, bei der ›Verkauften Braut‹ von Smetana und im Chor von Verdis ›Requiem‹, und da ich eine klare, helle Stimme hatte, einen hohen Sopran und ein absolutes Gehör, wurde ich ausgewählt für diese Aninka.«

Die Premiere fand am 23. September 1943 unter dem Dach der sogenannten Magdeburger Kaserne statt. Scharenweise strömten die Menschen herbei, jung und alt. Alle wollten miterleben, wovon die Kinder seit Wochen sprachen: die Aufführung der Kinderoper Brundibár. In ihrem Buch »Die Mädchen von Zimmer 28 – Freundschaft, Hoffnung und Überleben in Theresienstadt« schreibt die Autorin Hannelore Brenner-Wonschik: »In der Folgezeit stand Brundibár wöchentlich auf dem Programm. Die Aufführungen waren stets ausgebucht, Karten, die von der Freizeitgestaltung ausgegeben wurden, im Handumdrehen vergeben. Das kleine Werk übte eine enorme Anziehungskraft auf Zuschauer und Mitwirkende aus ...«[16]

Insgesamt 53-mal wurde die Oper in Theresienstadt aufgeführt. Für viele war sie ein Licht in der Dunkelheit.

»Da ich bis zum Ende der Produktion da war, habe ich sie mehr als 50-mal gesungen. Ich bekam auch eine kleine Gage: etwas Margarine und Zucker. Ein-, zweimal war ich krank. Vor Kurzem hatte ich eine lustige Begegnung. Nach einer Brundibár-Vorstellung in Tschechien kam eine betagte Dame auf mich zu, ungefähr so alt wie ich, und sagte: ›Ich war so froh, dass du einmal krank warst, da konnte ich einspringen.‹

Es haben damals sehr viele Kinder mitgemacht, doch sie wurden immer wieder ausgewechselt, weil sie weitertransportiert wurden – nach Auschwitz.«

Mehr als 15 000 Kinder wurden von Theresienstadt aus in die Vernichtungslager des Ostens deportiert. Nur 250 von ihnen erlebten die Befreiung.

Würzburg, Februar 2013

»Ihr müsst auf Freundschaft bau'n«

Am Aschermittwoch fand die Premiere einer Wiederaufführung der Kinderoper Brundibár in Würzburg statt. Bereits ein Jahr zuvor hatten wir in Würzburg Alexander Jansen, den Initiator dieser Aufführung, zusammen mit Yehuda Bacon getroffen, der die Aufführungen der Oper als Kind in Theresienstadt miterlebt hatte. Mit seiner Hilfe sollten Würzburger Schüler das Bühnenbild für die geplanten Brundibár-Aufführungen im Museum am Dom kreieren. Wir begleiteten Yehuda Bacon mit der Kamera zu einem ersten Treffen mit den Würzburger Schülern, und bald schon reifte in uns die Idee, dass die Wiederaufführung von Brundibár ein Höhepunkt unseres Films werden könnte. In Würzburg wollten wir alle unsere Protagonisten zusammenführen: Esther Bejarano, Éva Pusztai und Yehuda Bacon sollten sich hier persönlich treffen und kennenlernen. Yehuda Bacon musste seine Reise kurz zuvor jedoch aus gesundheitlichen Gründen absagen. Dafür gewannen wir eine zusätzliche Protagonistin für unser Filmprojekt: Greta Klingsberg, die als Ehrengast aus Jerusalem angereist war, um an der Wiederaufführung von Brundibár teilzunehmen, begegneten wir in Würzburg das erste Mal. Es war eine glückliche Fügung. Die einstige Hauptdarstellerin von Brundibár in Theresienstadt wurde zu einer tragenden Säule in unserem Film.

In einer Probenpause bauten wir unsere Kamera vor der Bühnenkulisse im Würzburger Dommuseum auf. Die Drehorgel des grimmigen Leierkastenmannes Brundibár im Hintergrund, wollten wir von Greta Klingsberg als Erstes wissen, worum es in der berühmten Kinderoper geht:

»Es geht um Pepiček und Aninka, ein Geschwisterpaar, dessen Vater gestorben war und dessen Mutter sehr krank ist. Der Arzt sagt ihnen, die Mutter braucht Milch. So gehen die beiden Kinder auf den Marktplatz, mit einem Milchkännchen in der Hand, und versuchen Milch zu kaufen. Sie haben aber kein Geld. Der Milchmann weist sie ab. Dann sehen sie den Leierkastenmann Brundibár, der nur die Orgel dreht und dafür Geld bekommt. Da sagt einer zum anderen: ›Vielleicht singen wir ein Liedchen.‹ Sie singen nun ihr Lieblingslied, aber ihre Stimmen sind zu schwach. Schließlich werden sie von Brundibár verjagt und sind sehr unglücklich. Todmüde schlafen sie irgendwo auf dem Marktplatz ein. Da kommen nachts die Tiere der Stadt, ein Hund, eine Katze und ein Spatz, und sagen ihnen: ›Allein seid ihr zu schwach, doch wir holen die Kinder aus dem Ort zusammen, dann seid ihr stärker als der Brundibár.‹ Am nächsten Tag singen die Kinder zusammen, und ihre Stimmen sind stark genug. Der Leierkastenmann ist geschlagen. Alle singen dann gemeinsam, dass sie gesiegt haben und das Böse überwunden, weil sie zusammengehalten haben.

Das Schöne an der Oper ist, dass Brundibár wirklich nur von Kindern gesungen wird. Es gibt andere Kinderopern, zum Beispiel ›Hänsel und Gretel‹. Doch da singen meist Erwachsene. Brundibár ist eine Oper, die nur von Kindern für Kinder gespielt wird. Das fand ich schon immer besonders schön. In Theresienstadt wurden die Lieder aus der Oper bald überall gesungen und gepfiffen – wie Schlager. Die Musik ist ja auch einfach gut. Es gab kaum jemanden – ob Erwachsener oder Kind –, der nicht bei einer der Aufführungen war. Die Musik ermöglichte allen, für einige Stunden der rauen Wirklichkeit zu entfliehen.«

Für viele Gefangene im Lager wurde Brundibár zur Projektions-figur für all das Böse, das sie umgab und unter dem sie litten. Sie sahen in ihm Hitler, die Nazis und die vielen Mitläufer und Stüt-zen des diktatorischen Regimes. »Brundibár poražen« – »Wir haben Brundibár besiegt«, war nun überall in Theresienstadt triumphierend zu hören.

»Wir Kinder hingegen waren einfach froh, auf der Bühne zu sein. Hier fand plötzlich wieder normales kindliches Leben statt. Es gab einen Hund und eine Katze und einen Spatz und auch eine Schule und Milch und Eis. Das waren alles Sachen, die wir kaum mehr kannten. Wir fanden

Greta Klingsberg, die einstige Hauptdarstellerin von Brundibár in Theresienstadt, zusammen mit Würzburger Schülern anlässlich der Wiederaufführung der Kinderoper fast 70 Jahre später

auch den grimmigen Leierkastenmann Brundibár vor allem komisch. Honza Treichlinger, der die Rolle in Theresienstadt gesungen hat, konnte mit seinem aufgeklebten Schnurrbart in einer Art und Weise wackeln, die alle zum Lachen brachte. Ich freue mich, dass die Oper auch heute noch so viel Freude macht. Das ist das schönste Denkmal, das man dem Komponisten Hans Krása schaffen konnte.«

Auch bei der Premierenaufführung in Würzburg, gesungen vom Domchor, bildet der berühmte Schlusschor den Höhepunkt der Aufführung: »Ihr müsst auf Freundschaft bau'n, den Weg gemeinsam geh'n, auf eure Kraft vertrau'n und zueinander steh'n. Ihr seht ja, wie es war, wir schlugen Brundibár, uns kann man nicht trennen.« Unter großem Applaus holen die Kinder am Ende der Vorstellung die sichtlich bewegte Greta Klingsberg in ihre Mitte, um das Finale noch einmal gemeinsam mit ihr zu singen.

> »Die Oper lebt weiter. Sie wird inzwischen in vielen Sprachen gesungen. Ich habe Aufführungen in Hebräisch, Tschechisch, Deutsch, Englisch, Italienisch und Griechisch erlebt, und das ist herrlich: Die Musik lebt weiter und bereitet immer noch Freude. Und die Botschaft des Stücks – ich meine, Botschaft ist ein großes Wort, aber was ich daraus gelernt habe, ist, den anderen zu akzeptieren. Du musst nicht so leben wie der andere, doch sei neugierig darauf, warum er so lebt. Warum trägt er ein Käppele? Warum isst er kein Schweinefleisch? Das weitet den Blick auf den anderen. Schaut euch um! Und ich hoffe, dass aus dieser Neugier eine Toleranz erwächst und dass man den anderen akzeptiert und sogar Spaß daran hat, dass es auch andere gibt. Ich würde es fürchterlich langweilig finden, wenn alle gleich wären.«

Jerusalem, Februar 2014

Das Gefühl, frei zu sein

Da Yehuda Bacon nicht zur Brundibár-Premiere nach Würzburg kommen konnte, freuten wir uns sehr, ihn in Jerusalem wiederzusehen. Seit vielen Jahrzehnten ist er mit Greta Klingsberg eng befreundet. Sie leben heute in Jerusalem im selben Stadtviertel. Im Wohnzimmer von Greta Klingsberg sitzen uns beide auf dem Sofa gegenüber und erzählen von ihrer gemeinsamen Geschichte:

»Ich traf Greta das erste Mal nach dem Krieg, als wir von Prag nach Israel fuhren, damals, 1946, war es noch Palästina.«

Greta Klingsberg schüttelt energisch den Kopf: »Entschuldige, das stimmt nicht. Was ist mit Theresienstadt?«

»Theresienstadt! Ja, da sah ich sie, aber ich wusste in jener Zeit noch nicht, dass sie Greta ist. In unserem Jungenheim L 417 fanden die Proben für die Brundibár-Vorstellungen statt. Es war eine ehemalige Schule, und wir hatten einen riesigen Turnsaal – riesig für uns als Kinder damals. Die Proben waren bei uns, sodass wir Kinder die ganze Oper bald auswendig kannten und mitsangen. Später sah ich natürlich auch die Aufführungen, und da wusste ich, das ist die Maschenka.«

»Aninka, nicht Maschenka«, unterbricht ihn Greta Klingsberg wieder lachend. »Maschenka ist in der ›Verkauften Braut‹. Das habe ich auch gesungen.« Beide schauen sich schmunzelnd an.

»Auch die Proben von der ›Verkauften Braut‹ waren bei uns«, sagt Yehuda Bacon.

»Du hast mich oft gesehen«, meint Greta Klingsberg.

»Aber noch nicht gekannt«, wirft Yehuda Bacon scherzend dazwischen.

»So wichtig war ich auch nicht«, sagt Greta Klingsberg. »In Theresienstadt lebten Mädchen und Knaben getrennt voneinander, in verschiedenen Heimen. Wir hatten daher keinen direkten

Auf dem Weg in eine neue Welt: Greta Klingsberg (rechts) und Yehuda Bacon (Mitte) warten im April 1946 mit Freunden auf ihre Ausreise nach Palästina.

Kontakt. Näher kennengelernt haben wir uns dann aber gleich nach dem Krieg in den Kinderheimen, die von Přemysl Pitter in den Schlössern in der Nähe von Prag eingerichtet wurden. Auch da waren Mädchen und Jungs getrennt. Aber wir trafen uns bei Vorträgen und konnten uns da unterhalten.«

»Und streiten«, wirft Yehuda Bacon lachend ein.

»Später reisten Yehuda und ich gemeinsam von Prag nach Palästina. Wir fuhren zuerst mit der Bahn nach Paris und dann weiter nach Marseille, wo wir eingeschifft wurden. In Paris hatten wir ein paar Tage Aufenthalt und bekamen etwas Geld, damit wir uns Essen kaufen konnten. Wir gingen mit dem Geld sofort in einen Buchladen und waren ganz begeistert, dort zwei Bildbände von Kunst aus dem Louvre zu finden. Es waren zwei große, schwere Bücher. Wir kauften sie und gingen stolz die ganze Champs-Élysées entlang, mit den Büchern auf dem Kopf. Das war solch ein Glücksgefühl, das kann man nicht nachempfinden. Wir konnten etwas kaufen und besaßen plötzlich Bücher. Die gehörten uns. An Essen haben wir gar nicht gedacht. Wir genossen dieses Gefühl, frei zu sein, in vollen Zügen. Wir konnten gehen, wohin wir wollten. Niemand sagte uns: ›Das darfst du nicht‹, oder: ›Das kannst du nicht‹. Wir waren frei und hatten überhaupt keine Angst, obwohl wir keinen Groschen Geld mehr in der Tasche hatten und die Sprache nicht verstanden. Das Gefühl, dass man grenzenlos gehen konnte, das war herrlich!«

Begegnung mit der Geschichte

Am Tag darauf begleiten wir Greta Klingsberg und Yehuda Bacon mit unseren Kameras nach Yad Vashem, der nationalen Holocaust-Gedenkstätte Israels. Sie wurde 1953 gegründet und liegt auf dem »Berg der Erinnerung«, einer Hügelkette an den westlichen Ausläufern Jerusalems. Greta Klingsberg und Yehuda Bacon steht das Unbehagen ins Gesicht geschrieben, als sie gemeinsam über eine lange Brücke auf das Museum zur Geschichte des Holocaust zuschreiten, das in unterirdisch angelegten Galerien chronologisch die Geschichte dokumentiert, die sie selbst erleben mussten: Nationalsozialismus, Judenverfolgung, Gettos, Konzentrationslager, Todesmärsche.

Als wir in einen Raum kommen, in dem das Leben im Getto Theresienstadt dokumentiert wird, bleiben die beiden vor einem großen Bildschirm stehen. Darauf zu sehen ist ein von den Nationalsozialisten produzierter Propagandafilm. Der Film, der von August bis September 1944 gedreht wurde, sollte die Außenwelt darüber hinwegtäuschen, was wirklich mit den europäischen Juden geschah. Er zeigt ein scheinbar normales, fast idyllisch anmutendes Leben in Theresienstadt.

»Schau mal, wie sauber alle angezogen sind. Eine Puppe! Wo habe ich damals eine Puppe gesehen? Diese Kinderbetten und weiß gekleidete Ärzte. Das stimmt alles nicht. Nichts stimmt«, schimpft Greta Klingsberg.

»Daneben laufen parallel Bilder, die zeigen, wie es wirklich aussah«, erklärt Yehuda Bacon. Plötzlich sieht man in dem Film singende Kinder auf einer Bühne und den Brundibár mit seinem dicken Schnurrbart.

»Da bin ich!«, ruft Greta Klingsberg überrascht und gerührt. Sie deutet auf eines der Mädchen im Film und stimmt sogleich mit ein in den tschechischsprachigen Gesang der Kinder.

»Ich kannte den Film gar nicht. Eine gute Freundin aus Israel hatte mich aber darauf aufmerksam gemacht, dass ich in dem Film zu sehen bin. ›Wie konntest du mich erkennen?‹, fragte ich sie. ›Große Nase, große Augen, das bist du.‹ Es stimmt! Ich habe mich scheinbar nicht sehr verändert, außer einigen Falten, die dazugekommen sind. Ich erinnere mich an die Filmaufnahmen. Für eine bestimmte Szene gab man uns Kindern Sandwiches in

Begegnung mit der eigenen Geschichte: Greta Klingsberg und
Yehuda Bacon beim gemeinsamen Besuch der Holocaust-Gedenkstätte
Yad Vashem in Jerusalem

die Hand. Die haben wir so schnell aufgegessen, dass sie uns noch mal welche geben mussten.«

Mehrere Hundert Gefangene Theresienstadts wurden zwangsweise zu Statisten für diesen Film rekrutiert, darunter auch viele prominente Juden. Oft sind es die letzten Bilder von ihnen vor ihrem Tod. Bald nach dem Ende der Dreharbeiten wurde nicht nur die gesamte Filmcrew mit dem Regisseur Kurt Gerron in die Gaskammern von Auschwitz geschickt, sondern auch die meisten Künstler und Musiker. Darunter auch fast alle, die an den Brundibár-Aufführungen beteiligt waren: der Komponist Hans Krása, die Musiker und die meisten der Kinder.

Am 23. Oktober 1944 stehen auch die Namen von Greta und ihrer Schwester Trude auf den Deportationslisten in den Osten:

»Zum Glück kamen wir zusammen mit meiner Betreuerin Laura Šimko in den Transport. Wir wussten nicht wirklich, was uns bevorstand. Wir ahnten aber, dass es nichts Gutes bedeutete. Von den vielen Freunden, die zuvor schon in den Osten deportiert wurden, hatten wir nie mehr etwas gehört. Sie waren einfach verschwunden. Wahrscheinlich aber war es ein Glück, dass wir nicht wussten, was uns erwartet. Als wir in Auschwitz ankamen, sagten Gefangene, die schon länger da waren: ›Ihr kommt morgen alle ins Gas, so wie ihr ausseht.‹ Wir dachten, das sei eine Lagerpsychose: Die sind schon so lange hier, dass sie verrückt geworden sind. Wir konnten es nicht glauben. Ich meine, es ist auch heute noch unfassbar, dass es tatsächlich menschenmöglich war, was in Auschwitz geschehen ist. Ich kam mit einem Transport von insgesamt 1700 Menschen aus Theresienstadt. Darunter waren Laura, Trude und ich. 200 Frauen wurden zur Arbeit ausselektiert. Alle anderen gingen direkt ins Gas. Meine Schwester Trude war zwar jünger als ich, physisch aber in einer ähnlichen Verfassung. Nach zweieinhalb Jahren Theresienstadt war keine von uns mehr besonders kräftig. Doch Trude musste an der Rampe von Auschwitz plötzlich in eine andere Richtung gehen. Wir wussten nicht, dass in diesem Moment über Leben und Tod entschieden wurde. Alles ging so schnell. Wir wurden angebrüllt: ›Los! Los!‹ Dann haben wir Trude aus den Augen verloren. Warum? Wieso? Zufall? Schicksal? Wenn ich damals gewusst hätte, was das bedeutet und was mit ihr passiert – vielleicht wäre ich mit ihr gegangen.

Immer wieder fragt man mich, wie lange warst du in Auschwitz? Ich weiß es nicht. Tage? Wochen? Allein die Begegnung mit Auschwitz war nicht zu fassen. Ich kann nur mit den Worten Primo Levis sagen: ›Das vollkommen Entwürdigende und Enthumanisierende ist Auschwitz.‹ Ich war genau 15, als ich dort ankam. Nach zweieinhalb Jahren Theresienstadt, wo ich immerhin gesungen habe

Das letzte gemeinsame Foto von Greta und ihrer Schwester Trude

und es noch einige normale Sachen gab, plötzlich der Versuch einer völligen Entmenschlichung, einer Ausradierung. Du warst nackt, eingepfercht zwischen anderen nackten Leibern. Man hatte wirklich nichts mehr. Falls du vorher noch irgendein Foto hattest, dann hattest du es jetzt nicht mehr. Was auch immer, du hattest nichts mehr, außer deinem nackten Körper. Höllischer kann es gar nicht zugehen. Und du hast deine besten Freunde nicht mehr erkannt, denn du wurdest kahlgeschoren. Du wurdest auch entstellt in diesem Moment. Als Mädchen wolltest du doch hübsch sein. Man war plötzlich ein Nichts. Glück oder Zufall, uns hat man gar nicht mehr die Nummern eintätowiert. Wir bekamen auch nicht die gestreifte Sträflingskleidung. Mir wurde irgendwann ein lila Sommerkleid hingeworfen. Noch lange danach konnte ich diese Farbe nicht ertragen. Es war auch schon Ende Oktober, und da ist es in Polen nicht sehr warm. Doch ich hatte nichts als dieses Kleid. Vielleicht bin ich deshalb immer noch immun gegen Krankheiten«, sagt Greta Klingsberg und klopft sich dabei an den Kopf.

»Das Ganze auch menschlich zu überstehen war für mich wiederum nur möglich, weil ich mich an Laura halten konnte. Wir waren die ganze Zeit zusammen. Einmal hat sie mich gezwungen, aus dem Stroh von einem Strohsack, auf dem wir lagen, eine Zahnbürste zu machen, obwohl es weder etwas zu essen noch sonst etwas gab. Das war so der Versuch einer Menschlichkeit. Ich erinnere mich an solche Sachen, die bringen einem die Würde zurück und auch das Bewusstsein, ich bin ein Mensch, das kannst du mir nicht nehmen. Du kannst mich umbringen, aber ich bin immer noch ein Mensch. Das klingt so …, aber so habe ich es empfunden.«

Greta Klingsberg und ihre Betreuerin Laura Šimko wurden von Auschwitz in ein Arbeitslager nach Sachsen weitertransportiert.

»Wir kamen nach Oederan, das liegt zwischen Chemnitz und Dresden. Da gab es eine Fabrik, die zu einer Munitionsfabrik umfunktioniert wurde. Dort arbeiteten wir an Fräsmaschinen. Nun wurden wir auf Sächsisch angebrüllt, was auch für jemanden, der Deutsch konnte, nicht immer leicht zu verstehen war.

Ich war damals 15, und ein Kind bleibt in allen möglichen und unmöglichen Situationen trotzdem ein Kind. In Oederan gab es eine SS-Frau, die wir ›die Ente‹ nannten, weil sie so einen watschelnden Gang hatte. Einmal ging ich ihr einfach so watschelnd nach. Der Werkmann musste lachen. Das war mein Glück, denn wenn er es nicht so komisch gefunden hätte, dass ich eine deutsche Dame nachmache, oder wenn sie sich umgedreht hätte, wäre ich nicht mehr hier. Ich will damit nur sagen, ein Kind vergisst manchmal seine Umgebung und wird Kind, und das war es, was einem manchmal das Leben gerettet hat oder die Gesundheit, die seelische Gesundheit – ein starkes Wort.«

Für Greta Klingsberg und Laura Šimko schließt sich am Ende der Kreis des Schreckens:

»Als die Front in die Gegend von Oederan kam, wurden wir wieder in Viehwaggons gesteckt. Wir sollten in das Lager Mauthausen transportiert werden. Doch dort war alles so überfüllt, dass man uns zuerst einige Tage kreuz und quer durch das Land fuhr. Eines Tages blieb der Zug irgendwo in Böhmen stehen. Man trieb uns aus den Waggons, und wir mussten losmarschieren. Und gelangten schließlich wieder nach Theresienstadt. Wir sahen so heruntergekommen aus, dass uns dort niemand mehr erkannte. Wir wurden sofort in Quarantäneräume gesteckt. Das war im Frühjahr 1945. Wenig später wurden wir von der russischen Armee in Theresienstadt befreit.«

Die 16-jährige Greta, wenige Wochen nach ihrer Befreiung

Vom Wert der einfachen Dinge

Verliert man nach all den traumatischen Erfahrungen als junger Mensch nicht den Glauben an das Leben und vor allem an die Menschheit?

»Nein, überhaupt nicht, denn ich hatte immer Menschen um mich, an die ich glauben konnte, vor allem meine Laura natürlich. Laura sorgte bald nach der Befreiung auch dafür, dass all die Kinder, die noch in Theresienstadt waren, in Erholungsheime in der Umgebung von Prag kamen. So gelangten wir direkt aus dem Lager in die Obhut und Pflege von Přemysl Pitter und seiner Assistentin Olga Fierz. Wir wurden in zwei Schlössern untergebracht, die ursprünglich deutschen Industriellen gehört hatten: die Buben in Štiřín, wir Mädchen in Olešovice. Die Schlösser waren für uns wahre Wunder. Wir fühlten uns wie im Märchen. Wir kamen aus den Konzentrationslagern, und nun umgab uns all der Prunk, die Bücher, die großen Spiegel. Přemysl Pitter habe ich als einen unglaublich engagierten Menschen mit einem großen Herzen in Erinnerung. Aber im Gegensatz zu Yehuda war ich auch kritisch ihm gegenüber. Er hatte einmal versucht, uns Kindern, die wir gerade aus Auschwitz zurückkamen, zu erklären, was der Tod ist – das fand ich deplatziert. Ansonsten machte Přemysl Pitter auch auf mich einen großen Eindruck. Man spürte, dass er lebte, was er sagte, dass seine Worte und seine Persönlichkeit eine Einheit bildeten. Das machte für mich seine Größe aus.«

Nach einigen Wochen auf Pitters Schlössern zieht Greta weiter nach Prag.

»Als Laura eine Wohnung organisiert hatte, richtete sie auch ein Zimmer für mich ein, und ich zog zu ihr. Ich wollte nun endlich so sein wie alle anderen Kinder und in die tschechische Schule gehen. Aber Laura bestand darauf, dass ich Englisch lerne, weil ich das später in Palästina brauchen könnte. Sie organisierte auch meinen ersten Klavierunterricht. ›Deine Begabung ist Musik‹, sagte sie und verschaffte mir Kontakt zu Alice Herz-Sommer, die eine bekannte Pianistin war und Theresienstadt überlebt hatte, wo sie viele Konzerte gegeben hatte. Alice nahm mich als Schülerin an, und so begann meine Musikausbildung. Bis fast an ihr Lebensende spielte sie regelmäßig Klavier. Sie war ein Phänomen. Wir blieben all die Jahre in Kontakt.

Greta Klingsberg bei einem Besuch der unvergessenen Alice Herz-Sommer in London, die mit ihrer Herzensgüte und ihrer Liebe zum Leben viele Menschen berührte. Im Februar 2014 verstarb sie im Alter von 110 Jahren.

Laura war es auch, die den Kontakt zu meinen Eltern herstellte, die ich seit acht Jahren nicht mehr gesehen hatte. Sie schrieb einen rührenden Brief an sie. Damals war ich ihr böse. Ich wollte nicht nach Palästina. Ich wollte Musik studieren. Was sollte ich in dieser Wüste, fragte ich mich. Heute bin ich ihr dankbar, dass sie mich dazu gezwungen hat.

Als ich sie 1946 verlassen musste, um zu meinen Eltern zu reisen, gab sie mir ein Foto mit. Auf die Rückseite hat sie geschrieben: ›Ich möchte, dass du weißt, dass du in mir eine Freundin für das ganze Leben hast, auf die du immer rechnen kannst und sollst. 2. April 1946.‹

Ich habe Laura nie wieder gesehen. Mit meinem israelischen Pass durfte ich nicht mehr in die kommunistische

»Ich hatte immer Menschen um mich, an die ich glauben konnte,
vor allem meine Laura.« Greta (Mitte) 1945 in der gemeinsamen Prager
Wohnung mit Laura (links) und deren Schwester Elsa

Tschechoslowakei einreisen. Als ich 1959 zu Besuch in
Wien war, wollte ich einen Wochenendausflug nach Prag
machen, um Laura zu sehen. Ich hatte die Reise schon
bezahlt, ein Foto abgegeben und ein Visum beantragt,
aber man ließ mich nicht über die Grenze. Ich konnte ihr
nicht einmal mehr schreiben. Die Politik hat uns getrennt.
Als 1989 die Wende kam und der Eiserne Vorhang auf-
ging, war Laura schon verstorben.

Man sagt mir immer wieder, wie wundervoll, dass du
das alles überlebt hast. Das ist wirklich wundervoll und
schön, doch wirklich wichtig ist doch, was man daraus
macht. Überlebt zu haben ist ein Geschenk. Es ist kein
Verdienst, würde ich sagen. Ich finde es herrlich, dass man
mit Menschen Begegnungen hat und sprechen kann und

vielleicht daraus etwas lernt, um wiederum den anderen zu akzeptieren und sich an etwas zu halten, in dem man gut ist, eine Begabung hat. Wenn man das kann, dann ist das Leben lebenswert. Für mich ist Musik etwas unglaublich Bereicherndes. Künstlerin ist vielleicht ein zu großes Wort für mich. Aber ich habe immer mit Musik zu tun gehabt. Musik bedeutet für mich einfach Leben. Ich kann mir ein Leben ohne Musik nicht vorstellen – aber auch nicht ohne Menschen.«

1946 erreichte Greta Klingsberg auf demselben Schiff wie Yehuda Bacon den Hafen Haifa in Palästina.

»Es war gerade Streik, und so blieben wir dort vorerst in Zeltlagern, bis eines Tages ein Paar kam und sagte: ›Wir sind deine Eltern.‹ Sie hatten damals noch keine richtige Wohnung, nur ein Zimmer mit Kochgelegenheit zur Untermiete in einem kleinen Nest am Meer. Sie gaben mir eine Kiste, die sie 1938 nach Palästina vorausgeschickt hatten, mit einigen Büchern und meinem Brummbären aus Kindertagen. Ich habe ihn heute noch.

»Mein Brummbär aus Kindertagen brummt noch immer.
Willst du ihn hören?«

Die erste Zeit mit meinen Eltern war schwierig. Die Rollenverteilung stimmte nicht mehr. Ich war mehr die Erwachsene als sie. Es war nicht möglich, meinen Eltern zu erzählen, was ich alles erlebt hatte. Wie hätte ich ihnen erklären sollen, wie meine Schwester starb? Sie haben auch nie danach gefragt. Es war eine schwere Zeit. Du musstest das Erlebte irgendwie allein verarbeiten und dich wie Münchhausen selbst aus dem Sumpf herausziehen. Dieses Bild habe ich mir immer als Beispiel vor Augen gehalten. Du hattest damals niemanden, der deine Geschichten hören wollte. Es ist ja auch unfassbar. Wenn ich mir heute vor Augen führe, dass ich durch Auschwitz und all diese Orte tatsächlich hindurchgegangen bin, dass ich das alles wirklich erlebt habe und irgendwie da rausgekommen bin, halbwegs normal, dann kann ich es selbst kaum fassen. Natürlich helfen Familie und gute Freunde, das zu überwinden, aber letztlich muss es von einem selbst kommen.

Ich hatte bald Sehnsucht nach dem Leben in einer Stadt. Nach einem halben Jahr bei meinen Eltern ging ich nach Jerusalem und begann am Konservatorium Musik zu studieren. Durch die Distanz fanden wir schließlich zueinander. Am Wochenende kam ich öfter zu Besuch, und langsam lernten wir einander kennen. Meine Eltern waren einfache, anständige Menschen, das hat mit der Zeit alles überbrückt.

Leider konnte ich mein Studium am Konservatorium nicht beenden, wie ich überhaupt offiziell nur zwei Jahre Volksschule nachweisen kann. Immer kam etwas dazwischen. In Israel war 1948 wieder ein Krieg, und ich wurde verwundet. Doch mit der Zeit habe ich fünf Sprachen gelernt und eine musikalische Ausbildung absolviert. Ich spreche auch Arabisch und habe sehr viele palästinensische Freunde in Israel. Für mich war das nie ein Problem. Fast dreißig Jahre habe ich für den israelischen Rundfunk gearbeitet. Bis zu meiner Pensionierung war ich für das Musikarchiv verantwortlich, auch für den Einkauf ausländischer Musikproduktionen. Ich habe im Radiochor und im Akademischen Chor gesungen, der sehr professionell ist, und war viel auf Reisen. Auf diese Weise bin ich mir treu geblieben. Ich führte auch über 30 Jahre lang eine sehr gute Ehe mit meinem Mann Ruben. Er war der Erste, mit dem ich auch über meine Vergangenheit sprechen konnte.«

An Gretas Küchentisch stöbern wir in verschiedenen Alben in ihrer Vergangenheit:

»Es ist für mich, wie in einem Geschichtsbuch zu blättern, es berührt mich nicht mehr persönlich. Das ist auch gut so. Ich weiß nicht, wie man die Vergangenheit festhalten kann und ob man das überhaupt soll und inwieweit man etwas weitergeben kann an die nächsten Generationen und ob es hilft. Ob man aus der Geschichte etwas lernen kann oder gelernt hat? Diese Fragen müssen wichtigere Leute beantworten. Ich werde sicher meine Vergangenheit nicht verleugnen und nicht vergessen, sie hat mich schließlich geprägt. Aber es gibt noch andere Sachen im Leben, die Freude bringen und Spaß machen. Daran soll man sich halten.

Das hier ist ein Albumblatt, das ich einer Freundin in Theresienstadt 1943 geschrieben habe: ›Das Leben steht sicher dafür, es zu leben. Man muss ihm nur Inhalt geben.‹ – Das schrieb ich mit 14 Jahren. Mit erhobenem Zeigefinger geht es weiter: ›Lebe nach den Fähigkeiten, die du hast, und verschenke alles, was du besitzt.‹ – Mit 14 Jahren ist man sehr klug. Materielle Sachen waren mir immer ziemlich unwichtig. Ich hatte erlebt, wie schnell das alles an Bedeutung verliert, und so hatte ich andere Werte. Das Schöne an diesem Albumblatt ist, dass all die Sachen, die ich dazu gezeichnet habe, noch heute für mich von Bedeutung sind: Ein Gartenwerkzeug, einfache Kleider, sehr viele Noten, und unter die Noten schrieb ich den Anfang aus der ›Verkauften Braut‹: ›Warum sollen wir nicht Freude haben, wenn der liebe Gott uns Gesundheit schenkt?‹ Das ist meine Lebensweisheit, wenn du so willst: ein Buch, ein Koffer, ein Garteninstrument und Noten. Das ist es. Man soll sehen, die kleinen und einfachen Dinge machen den eigentlichen Wert des Lebens aus. Das ist, was ich aus den Zeiten gelernt habe, die ich durchlebt habe.«

Als sie uns zum Abschied durch ihren Garten begleitet, sagt sie:

»Ist es Glück oder Zufall? Ich weiß es nicht. Jedenfalls lebe ich gerne und habe Menschen gern. Ich will nicht die ganze Welt verbessern, aber ich tue mein Bestes. Ich hab einmal gesagt, wenn man überlebt hat, ist das noch kein Verdienst, sondern es ist wichtig, was man daraus macht. Ich versuche einfach, niemandem zu nahezutreten, und ich habe sehr viele gute Freunde, die mir meine Familie ersetzten. Ich gehe auch gern spazieren von einer Sprache in eine andere. Das ist wie ein Brückenbau zwischen den Menschen, und wie du weißt, liebe ich zu essen und zu trinken und die Musik, das ist eine der schönsten Sachen, die es gibt. Und die Natur. Schaut, das ist mein Lavendel! Und bitte achtet einmal auf die vielen Farben, die hier nebenan aufblühen: blau, rot, gelb, orange. Das habe ich alles sehr bewusst so gepflanzt.«

Als wir uns von Greta Klingsberg an ihrer Gartentür verabschieden, tun wir dies in dem Bewusstsein, dass wir nicht nur einen bemerkenswerten Menschen kennenlernen durften, sondern dass hier eine Freundschaft gesät wurde, die noch viele wunderbare Blüten tragen wird.

EPILOG
Das Vermächtnis der Überlebenden

Die Fortlebenden haben die Zeit angefasst
Bis ihnen Goldstaub in den Händen blieb.

Nelly Sachs

Die Reihen der Zeitzeugen des Holocaust lichten sich. Die Überlebenden wissen um die Dringlichkeit, ihr Vermächtnis an die nächsten Generationen weiterzugeben. Es ist ein schweres Vermächtnis. Und doch birgt es einen einzigartigen Schatz an Weisheit und Mitmenschlichkeit in sich, der für uns und die nächsten Generationen von großer Bedeutung ist. Denn es sind die Überlebenden des Holocaust, die uns aufgrund ihrer Erfahrungen den Weg weisen können, wie wir mit leidvollen und uns überwältigenden Lebenssituationen umgehen können. Ihre Erfahrungen stellen jeden von uns vor die existenziellen und letztlich unausweichlichen Fragen des eigenen Lebens: Was bleibt, wenn mir alles genommen wird? Was trägt? Wer bin ich wirklich? Wer steht zu mir?

Die Begegnungen mit diesen außergewöhnlichen Menschen waren wegweisend für unser eigenes Leben. Die Gespräche mit ihnen haben uns die Einzigartigkeit und Kostbarkeit des Lebens eindrücklich vor Augen geführt. Ihr ungebrochener Lebensmut lehrte uns, das eigene Leben auf eine ganz neue Art und Weise wertzuschätzen und den Schwierigkeiten auf dem eigenen Lebensweg mit mehr Zuversicht und Gelassenheit zu begegnen. Und nicht zuletzt machten uns ihre Erzählungen unmissverständlich klar, wie wichtig Mut, Widerstand und Zivilcourage sind und wie notwendig es ist, gegen jede Form von Ausgrenzung und Intoleranz Position zu beziehen. Die Botschaft der Überlebenden von Auschwitz ist daher brandaktuell und zeitlos zugleich.

Mit ihrem Leben bezeugen sie, dass es neben dem unermesslichen Leiden des Holocaust auch noch etwas anderes, etwas Kostbares und Einzigartiges gibt: den Triumph der Menschlichkeit über die Unmenschlichkeit, der sich im unzerstörbaren Glauben an das Gute im Menschen beweist.

Mit großer Besorgnis nehmen die Überlebenden der nationalsozialistischen Konzentrationslager den erstarkenden Neonazismus in Deutschland und Europa zur Kenntnis. Das 2009 in Berlin von Holocaust-Überlebenden aus der ganzen Welt unterzeichnete »Vermächtnis der Überlebenden« erhält dadurch seine besondere Brisanz und Dringlichkeit:

»Die letzten Augenzeugen wenden sich an Deutschland, an alle europäischen Staaten und die internationale Gemeinschaft, die menschliche Gabe der Erinnerung und des Gedenkens auch in der Zukunft zu bewahren und zu würdigen. Wir bitten die jungen Menschen, unseren Kampf gegen die Nazi-Ideologie und für eine gerechte, friedliche und tolerante Welt fortzuführen, eine Welt, in der Antisemitismus, Rassismus, Fremdenfeindlichkeit und Rechtsextremismus keinen Platz haben sollen. Dies sei unser Vermächtnis.«[17]

Dieses Buch versteht sich als Beitrag, das Vermächtnis der Überlebenden zu bewahren und ein unmissverständliches Zeichen zu setzen gegen Antisemitismus, Fremdenfeindlichkeit und Neonazismus.

Der Friedensnobelpreisträger und Auschwitz-Überlebende Elie Wiesel sagte einmal: »Wer einem Zeugen zuhört, wird selbst zum Zeugen.« Und so sind Sie, verehrte Leserinnen und Leser, die Sie dieses Buch nun aus der Hand legen, ebenso wie wir zu Zeugen geworden. Sie sind zu Zeugen dessen geworden, was der Mensch dem Menschen anzutun vermag. Und Sie sind zu Zeugen dessen geworden, was der Mensch der Unmenschlichkeit entgegenzustellen vermag. Vielleicht ist Ihnen in der Begegnung mit den Überlebenden in diesem Buch die Kostbarkeit des eigenen Lebens bewusster denn je geworden. Und vielleicht haben auch Sie den Entschluss gefasst, wo immer die Werte der Menschlichkeit in Gefahr sind, einzutreten für Toleranz und Versöhnung. Dann lassen Sie uns gemeinsam dazu beitragen, die Botschaft der Überlebenden von Auschwitz zu bewahren und weiterzutragen.

ANHANG

Kurzbiografien

ESTHER BEJARANO wurde am 15. Dezember 1924 in Saarlouis als viertes Kind von Rudolf und Margarethe Loewy geboren. Die Familie zog 1925 nach Saarbrücken und 1936 nach
Ulm, wo der Vater als Oberkantor die jüdischen Gemeinden be-
treute. 1941 wurde Esther ins Zwangsarbeitslager Neuendorf
bei Fürstenwalde/Spree eingewiesen. Zwei Jahre später, am 20.
April 1943, wurden alle Insassen vom Sammellager in Berlin mit
Viehwaggons nach Auschwitz deportiert. Hier spielte Esther im
Mädchenorchester von Auschwitz Akkordeon und konnte so
überleben. Ende 1943 wurde sie ins Konzentrationslager Ravensbrück deportiert, wo sie in einer Munitionsfabrik der Firma
Siemens Zwangsarbeit leisten musste. Auf einem Todesmarsch
gelang ihr 1945 gemeinsam mit Kameradinnen die Flucht.

Nach Kriegsende erfuhr Esther von der Ermordung ihrer Eltern und ihrer Schwester Ruth. Sie wanderte nach Palästina aus
und studierte dort Gesang. 1950 heiratete sie Nissim Bejarano,
mit dem sie bis zu seinem Tod 1999 zusammenlebte. Der Ehe
entstammen die beiden Kinder Joram und Edna. Gemeinsam
mit ihrer Familie kehrte Esther 1960 nach Deutschland zurück,
wo sie bis heute in Hamburg lebt. Die gefragte Zeitzeugin ist
Vorsitzende des Auschwitz-Komitees der Bundesrepublik
Deutschland und Ehrenvorsitzende der Vereinigung der Ver-
folgten des Naziregimes. Seit einigen Jahren tritt sie mit der
Hip-Hop-Band »Microphone Mafia« auf. Gemeinsam singen
sie Lieder aus dem jüdischen und antifaschistischen Widerstand.
Esther Bejarano wurde mit vielen Ehrungen und Auszeichnun-
gen bedacht, unter anderem mit dem Großen Bundesverdienstkreuz für ihren unermüdlichen Einsatz für Frieden und Völkerverständigung.

ÉVA PUSZTAI wurde am 22. Oktober 1925 in Debrecen, Ostungarn, geboren und wuchs in einer großbürgerlichen jüdischen Familie auf. Am 29. April 1944 wurde sie zusammen mit ihren Eltern Dezsó und Irma Fahidi und ihrer acht Jahre jüngeren Schwester Gilike von der mit dem Eichmann-Kommando kooperierenden ungarischen Gendarmerie ins Getto verschleppt. Zwei Wochen später wurde die Familie in Viehwaggons in das Konzentrationslager Auschwitz-Birkenau deportiert und dort auf der Rampe von Josef Mengele selektiert. Gilike und ihre Mutter wurden sofort in den Gaskammern ermordet, ihr Vater starb an den Folgen der Haftbedingungen. Nach sechs Wochen im Vernichtungslager Auschwitz kam Éva in das Außenlager Münchmühle des KZ Buchenwald und wurde zur Zwangsarbeit in der Sprengstofffabrik Dynamit AG eingesetzt. Bei Kriegsende 1945 konnte sie auf dem Todesmarsch fliehen. Danach kehrte sie in ihre Heimat zurück, wo sie bald darauf heiratete. Ihre Hoffnung auf eine bessere Welt, die ihr der Marxismus in Aussicht gestellt hatte, sollte sich unter der kommunistischen Diktatur in Ungarn schon bald zerschlagen. Zur Zeit der kommunistischen Schauprozesse wurde ihr damaliger Ehemann verhaftet und sie selbst zum »deklassierten Element« erklärt. Nach der gescheiterten Revolution 1956 arbeitete sie im staatlichen Außenhandel und gründete nach der Wende 1989 ihre eigene kleine Außenhandelsfirma. Éva Pusztai wurde mit vielen Ehrungen ausgezeichnet, unter anderem mit dem Bundesverdienstkreuz der Bundesrepublik Deutschland. 2014 wurde sie Ehrenbürgerin von Stadtallendorf, dem Ort, wo sie einst Zwangsarbeit leisten musste. Sie lebt in Budapest und ist als »Holocaust-Aktivistin« europaweit unterwegs.

YEHUDA BACON wurde am 28. Juli 1929 in Mährisch Ostrau (heute Ostrava/Tschechien) geboren, wo sein Vater eine Lederfabrik betrieb. Im September 1942 wurde er mit seinen Eltern
und der Schwester Hana in das Getto Theresienstadt deportiert,
die älteste Schwester Reja hatte 1939 nach Palästina emigrieren
können. In Theresienstadt erhielt Yehuda ersten Kunstunterricht
bei namhaften Künstlern, die ebenfalls im KZ inhaftiert waren.
Ende 1943 wurde die Familie Bacon nach Auschwitz-Birkenau
deportiert. Zusammen mit 2500 anderen jüdischen Gefangenen
aus Theresienstadt kamen sie in das »tschechische Familienlager«. Im Juli 1944 wurde das Lager aufgelöst. Der Weg von Yehudas Vater führte in die Gaskammer. Seine Mutter und Hana
wurden in das Lager Stutthof deportiert, wo sie kurz vor der
Befreiung ums Leben kamen. Yehuda selbst musste im Vernichtungslager zusammen mit 89 anderen Jungen, den später sogenannten »Birkenau Boys«, schwere Arbeiten verrichten. Ab Januar 1945 führten ihn die Todesmärsche in die KZ Mauthausen
und Gunskirchen. Hier erlebte er am 8. Mai 1945 die Befreiung.
Nach dem Krieg lebte Yehuda Bacon zunächst in einem von dem
tschechischen Pädagogen Přemysl Pitter geführten Kinderheim
bei Prag. 1946 wanderte er nach Palästina aus und begann ein
Studium an der Bezalel Kunstakademie in Jerusalem. Dank
seines Mentors Hugo Bergmann kam er in engen Kontakt mit
dem Zirkel Jerusalemer Intellektueller um Martin Buber und
Gershom Sholem. 1959 wurde Yehuda Bacon als Professor an die
Bezalel Academy berufen. Heute arbeitet er als freischaffender
Künstler in Jerusalem. Seine Arbeiten sind in zahlreichen
Kunstsammlungen vertreten, unter anderem in Yad Vashem in
Jerusalem, im British Museum in London und im Museum am
Dom, Würzburg.

GRETA KLINGSBERG, geborene Hofmeister, kam am 11. September 1929 in Wien zur Welt. 1938, nach dem Anschluss Österreichs, flüchtete sie mit ihren Eltern und ihrer jüngeren Schwester Trude ins tschechische Brünn. Ihre Eltern gelangten von dort aus mit einem illegalen Transport nach Palästina. Die beiden Töchter ließen sie in einem Heim zurück, um sie später nachzuholen. Der Plan scheiterte. Nach dem Einmarsch der Deutschen in die Tschechoslowakei kamen Greta und ihre Schwester zunächst in ein tschechisch-jüdisches Waisenhaus, 1942 wurden sie nach Theresienstadt deportiert. Im Getto sang Greta mehr als 50-mal die Hauptrolle in Hans Krásas legendärer Kinderoper Brundibár. Am 23. Oktober 1944 kamen Greta und ihre Schwester Trude in den Transport nach Auschwitz-Birkenau. Trude wurde hier ermordet. Greta wurde nach einer Selektion nach Oederan in Sachsen transportiert, wo sie Zwangsarbeit in einer Munitionsfabrik leisten musste. Gegen Ende des Kriegs gelangte sie wieder nach Theresienstadt. Hier wurde Greta im Frühjahr 1945 von der Roten Armee befreit.

Nach einem einjährigen Aufenthalt in einem provisorischen Kinderheim unter der Obhut des tschechischen Pädagogen Přemysl Pitter emigrierte sie 1946 mit demselben Schiff wie Yehuda Bacon nach Palästina. Hier traf sie ihre Eltern wieder. Nach einem Gesangsstudium arbeitete Greta Klingsberg in Jerusalem für den israelischen Rundfunk und wurde Mitglied prominenter israelischer Chöre. Sie heiratete den Literaturwissenschaftler Ruben Klingsberg. Heute ist Greta Klingsberg eine weltweit gefragte Zeitzeugin.

Anmerkungen

[1] Viktor E. Frankl, … *trotzdem Ja zum Leben sagen*, München 1982, S. 110.

[2] Paul Celan, *Mohn und Gedächtnis*, Stuttgart 1952, S. 38.

[3] Konstantin Wecker/Christa Spannbauer, *Meine rebellischen Freunde*, München 2012, S. 107.

[4] Dr. Josef Mengele war von Mai 1943 bis Januar 1945 Lagerarzt in Auschwitz. Bei der Selektion entschied er mittels eines kurzen Blicks und einer Geste über Leben und Tod Tausender von Menschen, die vor ihn traten. Er war gefürchtet für seine grausamen Menschenversuche. Sein besonderes Interesse galt Zwillingen, an denen er Experimente durchführte. Von den Häftlingen wurde er aufgrund seiner kultivierten Erscheinung »der Todesengel« genannt. Er floh nach dem Krieg nach Südamerika und konnte niemals für seine Taten zur Rechenschaft gezogen werden. In der Geschichte des Holocaust steht sein Name für die schrecklichsten Verbrechen gegen die Menschlichkeit.

[5] Éva Fahidi, *Die Seele der Dinge*, Berlin 2011, S. 21.

[6] Ebd.

[7] Éva Fahidi, a.a.O., S. 11.

[8] Vgl. https://www.asf-ev.de/de/ueber-uns/geschichte.html

[9] Mathias Korn, »Ein Fortschreiten hin zum Leben«, in: Rose Ausländer/Paul Celan/Else Lasker-Schüler/Nelly Sachs, *Das dunkle Wunder. Mit Zeichnungen von Yehuda Bacon*, Gnadenthal 2003, S. 9.

[10] Paul Celan, *Mohn und Gedächtnis*, S. 38.

[11] H. G. Adler zitiert nach: Mathias Korn, »Ein Fortschreiten hin zum Leben«, in: a.a.O., S. 8.

[12] Chandravali D. Schang (Hrsg.), *Leben und Weisheit der Glückseligen Mutter Anandamayi Ma* (fabrica libri), Schalksmühle 2011, S. 163.

[13] Fredy Hirsch, *Vortrag zum einjährigen Bestehen des Jugend-*

heims L 417, 1943, Typoskript, Jüdisches Museum Prag, Sammlung Terezin, Inv.-Nr. 304/1, zitiert nach: Hannelore Brenner-Wonschik, *Die Mädchen von Zimmer 28*, München 2004, S. 23.

[14] Rat der Jüdischen Gemeinden in Böhmen und Mähren (Hrsg.), »Musik in Theresienstadt«, in: Ders., *Theresienstadt*, Wien 1968, S. 261ff., zitiert nach: Hannelore Brenner-Wonschik, ebd.

[15] Hannelore Brenner-Wonschik, a.a.O., S. 182.

[16] Ebd.

[17] Vgl. http://www.auschwitz.info/de/essentials/wichtige-texte/das-vermaechtnis-der-ueberlebenden.html

Literaturhinweise

Antonovsky, Aaron: *Salutogenese. Zur Entmystifizierung der Gesundheit*, dgvt: Tübingen 1997.

Ausländer, Rose/Celan, Paul/Lasker-Schüler, Else/Sachs, Nelly: *Das dunkle Wunder. Mit Zeichnungen von Yehuda Bacon*, Präsenz Verlag: Gnadenthal 2003.

Bejarano, Esther: *Erinnerungen. Vom Mädchenorchester in Auschwitz zur Rap-Band gegen Rechts*, Laika: Hamburg 2013.

Dies.: *Man nannte mich Krümel. Eine jüdische Jugend in den Zeiten der Verfolgung*, hrsg. vom Auschwitz-Komitee der Bundesrepublik Deutschland, Curio: Hamburg [8]2002.

Brenner-Wonschik, Hannelore: *Die Mädchen von Zimmer 28. Freundschaft, Hoffnung und Überleben in Theresienstadt*, Droemer: München 2004.

Celan, Paul: *Mohn und Gedächtnis*, DVA: Stuttgart 1952.

Des Pres, Terrence: *Der Überlebende – Anatomie der Todeslager*, Klett-Cotta: Stuttgart 2008.

Durlacher, Gerhard: *The Search. The Birkenau Boys*, Serpent's Tail: London 1998.

Fahidi, Éva: *Die Seele der Dinge*, Luka: Berlin 2011.

Frankl, Viktor E.: *... trotzdem Ja zum Leben sagen. Ein Psychologe erlebt das Konzentrationslager*, dtv: München 1982.

Gerlach, Christian/Aly, Götz: *Das letzte Kapitel. Der Mord an den ungarischen Juden 1944–1945*, Fischer TB: Frankfurt am Main 2004.

Glassman, Bernhard: *Zeugnis ablegen. Buddhismus als engagiertes Leben*, Edition Steinrich: Berlin 2012.

Gruen, Arno: *Dem Leben entfremdet. Warum wir wieder lernen müssen zu empfinden*, Klett-Cotta: Stuttgart 2013.

Herz-Sommer, Alice: *Ein Garten Eden inmitten der Hölle*, Droemer: München 2006.

Hilberg, Raul: *Die Vernichtung der europäischen Juden,* Fischer: Frankfurt am Main 2010.

Kacer, Kathi: *Die Kinder aus Theresienstadt,* Ravensburger Buchverlag: Ravensburg [8]2003.

Kertész, Imre: *Roman eines Schicksallosen,* rororo: Reinbek 1999.

Kogon, Eugen: *Der SS-Staat. Das System der deutschen Konzentrationslager,* Nikol: Hamburg 2014.

Lanzmann, Claude: *Shoah,* rororo: Reinbeck 2011.

Rees, Lawrence: *Auschwitz. Geschichte eines Verbrechens,* List: Berlin 2007.

Schüle, Annegret: *Industrie und Holocaust. Topf & Söhne – Die Ofenbauer von Auschwitz,* Wallstein: Göttingen 2010.

Wecker, Konstantin: *Meine rebellischen Freunde,* München: Langenmüller 2012.

Bildnachweis

Quellennachweis

Zitat S. 15 aus dem Gedicht: »Chor der Geretteten«, in: Sachs,
Nelly: *Fahrt ins Staublose*, Suhrkamp: Frankfurt am Main 1961.
Zitat S. 191 aus dem Gedicht »Die Fortlebenden haben die Zeit
angefaßt« in: Sachs, Nelly: *Glühende Rätsel*, Suhrkamp: Frankfurt am Main 1965.

»Ein neuer, hoch aktueller Zugang zum Thema Holocaust, der dem scheinbar schon oft
Erzählten und dennoch Einzigartigen eine wertvolle und faszinierende Facette hinzufügt:
die Möglichkeit zu Lebensmut und Lebenswillen, zu Empathie, zur Wahrung der Würde des
Menschen und zur Kraft des Widerstands, die der Einzelne selbst unter unvorstellbaren
Lebensbedingungen bewahren und entwickeln kann.«

Prof. Dr. Johannes Tuchel,
Historiker, Leiter der Gedenkstätte Deutscher Widerstand

DIE BOTSCHAFT DER
ÜBERLEBENDEN VON AUSCHWITZ

MUT ZUM LEBEN

Ein Film von
CHRISTA SPANNBAUER und **THOMAS GONSCHIOR**
DVD, Farbe, 60 Min., Best.Nr. 4008

Im Buch- oder Fachhandel oder direkt bei

absolut MEDIEN GmbH
Adalbertstr. 15, 10997 Berlin | 030 285 39 87 0 |
info@absolutmedien.de
www.absolutmedien.de

MUT ZUM LEBEN auch als Download unter
www.absolutondemand.de

»Was alle vier Auschwitz-Überlebende miteinander verbindet:
Sie strahlen eine eindrucksvolle Wärme und Güte aus.«
Deutschlandradio Kultur

DIE BOTSCHAFT DER
ÜBERLEBENDEN VON AUSCHWITZ

MUT
ZUM
LEBEN

INFO-
Programm
gemäß
§ 14
JuSchG

Foto: Denise Baxaxa

Ein Film von
CHRISTA SPANNBAUER und THOMAS GONSCHIOR

»Die Botschaft: Auch unter unvorstellbaren Lebensbedingungen
können Empathie, Würde und die Kraft des Widerstands bewahrt werden.«
Deutsches Ärzteblatt

Die ungeschminkte Romanbiografie einer ehemaligen Nationalsozialistin

Eva Pasch hat nicht mehr lange zu leben. Einst war sie eine glühende Nationalsozialistin, jetzt will sie ihrer Tochter Hanna endlich davon erzählen. Hanna hat ihren Vater nie kennengelernt und vor Jahren den Kontakt zur Mutter abgebrochen. Was die Tochter nicht weiß: Ihr Großvater war ein Nazigegner. Umso unverständlicher, dass ihre Mutter sich so in den Bann des Hitler-Regimes ziehen lassen konnte und sich in dessen Dienst gestellt hat. Doch jetzt will Eva reden – bevor es zu spät ist.

In Form eines fiktionalen Briefwechsels schildert Eva Madelung das verhängnisvolle Schweigen zwischen der Kriegs- und der Nachkriegsgeneration in Deutschland – eine Geschichte, die auch ihre eigene hätte sein können.

Mehr über unsere Bücher
www.europa-verlag.de

Eva Madelung

Reden, bevor es zu spät ist

Roman

Lebensbericht einer
ehemaligen Nationalsozialistin

EUROPAVERLAGBERLIN

200 Seiten, gebunden
ISBN 978-3-944305-54-7